全椒古籍叢書

吴敬梓集

1

（清）吴敬梓 撰

政協全椒縣委員會 編
國家圖書館出版社

圖書在版編目(CIP)數據

吴敬梓集:全五册 / (清)吴敬梓撰;政協全椒縣委員會編. —北京:國家圖書館出版社,2019.6
(全椒古代典籍叢書)
ISBN 978-7-5013-6676-7

Ⅰ.①吴… Ⅱ.①吴… ②政… Ⅲ.①吴敬梓(1701—1754)—文集
Ⅳ.①Z429.49

中國版本圖書館CIP數據核字(2019)第043944號

國家圖書館出版社
官方微信

書　　名	吴敬梓集(全五册)
叢 書 名	全椒古代典籍叢書
著　　者	(清)吴敬梓　撰　政協全椒縣委員會　編
責任編輯	張愛芳　黄　静
封面設計	翁　涌
出版發行	國家圖書館出版社(北京市西城區文津街7號　100034) (原書目文獻出版社　北京圖書館出版社) 010-66114536　63802249　nlcpress@nlc.cn(郵購)
網　　址	http://www.nlcpress.com
排　　版	中睿智成(北京)科技有限公司
印　　裝	北京華藝齋古籍印務有限公司
版次印次	2019年6月第1版　2019年6月第1次印刷
開　　本	710×1000(毫米)　1/16
印　　張	132
書　　號	ISBN 978-7-5013-6676-7
定　　價	1500.00圓

總序

皖東全椒，地介江淮，壤接合寧，古爲吳楚分野，今乃中部通衢，建置歷史悠久，文化底蘊深厚。據《漢書·地理志》載，全椒於漢高祖四年（前二〇三）置縣，迄今已逾二千二百二十年。雖屢經朝代更替，偶歷廢易僑置，然縣名、治所乃至疆域終無巨變。是故國史邑乘不絕筆墨，鄉風民俗可溯既往，遺址古迹歷然在目，典籍辭章卷帙頗豐。

有唐以降，全椒每以文名而稱江淮著邑。名臣高士時聞於朝野，文采風流廣播於海内。本邑往哲先賢所撰經史子集各類著作并裒輯之文集，於今可考可見者，凡數百種一百七十餘家。其年代久遠者，如南唐清輝殿學士張洎之《賈氏譚録》、宋代翰林承旨吳幵之《優古堂詩話》《漫堂隨筆》；其聲名最著者，如明代高僧憨山大師（釋德清）之《憨山老人夢游集》、清代文豪吴敬梓之《儒林外史》；至於衆家之鴻篇巨制、短編簡帙，乃至閨閣之清唱芳吟，舉類繁複，不一而足。又唐代全椒鄉賢武后時宰相邢文偉，新舊《唐書》均有其傳，稱以博學聞於當朝，而竟無片紙傳世，諸多文獻亦未見著録其作；明代全椒鄉賢陽明心學南中王門學派首座戚賢，辭官歸里創南譙書院，經年講學，名重東南，《明史》有傳，然文獻中唯見其少許佚文，尚未見輯集。凡此似於理不合，贅言書此，待博見者考鏡。

雖然，全椒古爲用武之地，戎馬之鄉，兵燹頻仍，紳民流徙，兼之水火風震，災變不測，致前人之述作多有散佚。或僅見著録下落不明，或流散異鄉束之高閣，且溯至唐代即疑不可考，搜於全邑亦罕見一帙……倘任之如故，恐有亡失無徵之虞，亟宜博徵廣集，歸整編次。前代鄉先輩未嘗不欲求輯以繼往開來，然薪火絶續，非唯心意，時運攸關。

今世國運昌隆，政治清明，民生穩定，善政右文，全民呼應中華民族復興，舉國實施文化强國戰略。全椒縣政協準確把握時勢，以傳承發展中華優秀傳統文化爲己任，於二〇一七年發軔擔綱編纂《全椒古代典籍叢書》，獲全椒縣委、縣政府鼎力支持，一應人事財力，適時調度保障。二〇一八年十月，古籍書目梳理登記及招標采購諸事宜甫定，即行實施。

是編彙集宋初至清末全椒名卿學士之著述，兼收外埠選家裒集吾邑辭章之文集，宦游者編纂他邑之志書則未予收録。爲存古籍原貌，全套影印成册。所收典籍底本，大多散落國内各省市、高校圖書館及民間收藏機構，或流落海外，藏於日英美等異邦外域。若依文獻目録待齊集出版，一則耗時彌久，二則亦有存亡未定者，恐終難如願。爲搶救保護及便於閲研計，是編未按經史子集析分門類，而以著述者個人專題分而輯之，陸續出版。著多者獨自成集，篇短者數人合集，多則多出，少則少出，新見者續出。如此既可權宜，亦不失爲久遠可繼之策。全椒古籍彙集編纂，史爲首舉。倉促如斯，固有漏失，非求急功近利，實乃時不我待。拾遺補闕，匡正體例，或點校注疏，研發利用，唯冀來者修密，後出轉精。

賴蒙國家圖書館出版社承影印出版之任，各路專家學者屬意援手，令尋訪古籍、採集資料、版本之甄別、編纂之繁難變而稍易。《易》曰：『二人同心，其利斷金。』君子共識而遇時，其事寧有不濟哉？

文化乃民族之血脉，典籍乃傳承之載體。倘使吾邑之哲思文采，燭照千秋，資鑒後世，則非唯全椒一邑獨沾遺澤，亦可忝增泱泱中華之燦爛文明以毫末之光。編次伊始，略言大要，勉爲是序。全椒末學陸鋒謹作。

《全椒古代典籍叢書》編纂委員會

二〇一八年十月

前言

現代著名思想家、文學家胡適先生曾在他的名著《吴敬梓傳》中斷言：『安徽的第一個大文豪，不是方苞，不是劉大櫆，也不是姚鼐，是全椒的吴敬梓。』并在給蘇雪林的信中評價道：『我向來感覺，《紅樓夢》比不上《儒林外史》；在文學技術上，《紅樓夢》比不上《海上花列傳》。』雖是隻言片語，亦足見胡適先生對於吴敬梓及《儒林外史》的激賞之情。胡先生此言并非故作高論，而是建立在對吴敬梓及其作品深刻瞭解之上的一種自信。

吴敬梓（1701—1754），字敏軒，號粒民，中年以後自稱秦淮寓客，又稱文木老人，安徽全椒人。全椒吴氏乃明清時代聲名顯赫的望族，吴敬梓在《乳燕飛》詞中謂其『家聲科第從來美』，洵非虛語。曾祖吴國對乃順治年間探花，祖父吴旦是監生，伯叔祖皆先後進士及第，『一時名公鉅卿皆出其門』，《儒林外史》中『一門三鼎甲，四代六尚書』的盛況不過夫子自道而已。至於其父（一説嗣父）吴霖起祇是江蘇贛榆縣教諭，家道已趨衰落。吴敬梓十三歲喪母，十四歲隨父至贛榆，十八歲取秀才，二十二歲又隨父返回家鄉全椒。因爲不滿家族争權奪利的醜惡現狀，吴敬梓從此過起了放浪形骸的生活。三十三歲那年，懷著無比憤懣的心情離開了家鄉，前往金陵客居，并寫下了千古名篇《移家賦》。

據唐時琳《文木山房集序》所言，乾隆元年（1736），吴敬梓因病未能參加博學鴻詞科的考試，這一年也勢將成爲他與封建科舉制度的徹底決裂。吴敬梓在彷徨無地的人生路途中兜兜轉轉十餘年，對於現實的黑暗與人性的悲涼有了更加清醒的認識。此後往來於真州、揚州、溧水等地，飽覽壯美河山，直至乾隆十九年病逝揚州。在吴敬梓短暫的五十四年人生當中，遍歷現實社會的苦痛，嘗盡人世間悲歡離合，正因爲這些豐富的人生閲歷，成就了他近代以來無與倫比的文名。儘管一世命運蹭蹬的吴敬梓不免身死形滅，然而在《儒林外史》中激揚文字的文木先生却獲得了新生。他用如椽巨筆諷刺現實的污濁，寄寓了無比真切的人生理想，爲後人留下了極其珍貴的文化遺産，對於漢文化圈的影響至深且遠。

根據陳美林先生的考證，早在雍正八年（1730）前後即不斷有人對吴敬梓及其作品進行零星的評論研究。以吴檠等人所作《爲敏軒三十初度作》爲標志的評論，逐步開啓了吴敬梓研究的三百年歷史，學界名之曰『吴學』。其後金和、金兆燕、程晉芳等人皆有關於吴敬梓的評論，可視爲吴學研究的最早史料。民國以來則有胡適《吴敬梓年譜》《吴敬梓傳》等專著肇其端，孟醒仁《吴敬梓評傳》及陳美林《吴敬梓研究》等續其後，整個二十世紀吴敬梓的研究可以説精彩紛呈、新見迭出。至於《儒林外史》的研究，乾隆年間作成後不久，嘉慶八年（1803）即有卧閑草堂刻本的面世。此後不斷出現新的評點本，將《儒林外史》的研究推向高潮。陳美林先生《〈儒林外史〉研究史》可視爲《儒林外史》研究繁榮的最好證明，李漢秋先生所編《〈儒林外史〉研究資料集成》蔚爲大觀，則爲我們進一步深入探討《儒林外史》提供了方向。

《吴敬梓集》共收録現存吴敬梓著述三種，分别是《儒林外史》《文木山房集》和《文木山房詩説》。其中《儒林外史》採用嘉慶八年卧閑草堂刻本，相比于黄小田評本、天目山樵評本、齊省堂評本，此本不唯刊刻時間最早，其所附大量評語，因閑齋老人與吴敬梓之間隱秘的關係，此中價值無異於脂硯齋對於《紅樓夢》的意義。根據吴敬梓侄孫女婿金和《儒林外史跋》所言，吴敬梓有『《詩説》七卷、《文木山房文集》五卷、《詩》七卷』。然而十二卷本的《文木山房集》至今也没有發現，直到一九二一年北京帶經堂書鋪孫人和纔訪得四卷本《文木山房集》，本集所録即是此四卷乾隆刻本《文木山房集》。此集後并附吴敬梓之子吴烺《春華小草》及《靓妝詞鈔》，因《吴烺集》别爲收録，故此集削去不收。抄本《文木山房詩説》乃一九九九年六月由周興陸先生在上海圖書館首次發現，其後周先生另有《吴敬梓〈詩説〉研究》出版，使得失傳已久的《詩説》重新浮出水面。《文木山房詩説》抄本係孤本，故收録此集，以爲永久流傳。

此前吴敬梓詩文集的編輯成果共有兩部，一爲李漢秋《吴敬梓吴烺詩文合集》，一爲李漢秋、項東升《吴敬梓集繫年校注》。這兩部詩文集雖考辨精良，但限於體例原因，未能收録《儒林外史》。因此我們可以説，《吴敬梓集》是歷史上第一次對於吴敬梓獨立著述的完整結集，其意義毋庸置疑。但是因爲影印體例所限，集外詩文并不在所收之列，還請讀者諒解！因爲時間倉促，水準有限，其中所出現的任何問題，希望熱心的讀者和海内外學者不吝賜教！

《全椒古代典籍叢書》編纂委員會

二〇一九年四月二十八日

凡例

一、本集收録吴敬梓現存著述三種，成書凡五册。

二、因《文木山房集》及《文木山房詩説》篇幅短小，故附於《儒林外史》末册之後。

三、《儒林外史》選取清嘉慶八年卧閑草堂本，其餘版本多已付梓面世，不再收録。

四、《文木山房集》原書附録吴烺著述兩種，因另見收於《吴烺集》，本集不再保留。

五、本集所收各書，另撰書日提要，置於全書之前。

總目録

第一册

第二册

第三册

第四册

第五册

提　要

一、儒林外史

《儒林外史》五十六回，清吴敬梓撰，清嘉慶八年（1803）卧閑草堂刻本。是書凡十六册，今見藏國家圖書館、復旦大學圖書館。人民文學出版社一九七四年據國圖藏本影印，本集乃據復旦藏本影印。是書約成於乾隆十四年（1749）前後，先以抄本傳世，卧本乃最早刊刻本。卷首有閑齋老人乾隆元年所作序，除四十二、四十三、四十四、五十三、五十四、五十五回外，全書皆有評點，約一萬五千餘言。或謂閑齋老人即和邦額，或謂吴敬梓本人，迄無定論。卧評與原文互爲呼應，相得益彰。其中有關創作論、文學生成論等，皆有見地，尤有可觀之處。

二、文木山房集

《文木山房集》四卷，清吴敬梓撰，清乾隆間刻本。光緒《安徽通志》載所著《文木集》八卷，《全椒縣志》則稱其有《文木山房詩文集》十二卷，金和跋《儒林外史》謂《文集》五卷、《詩集》七卷，皆未見傳世。今存《文木山房集》四卷，凡賦一卷（四篇）、詩二卷（一百三十七首）、詞一卷（四十七首）。卷首有唐時琳、吴湘皋、程廷祚、方嶟、黄河、李本宣、沈宗淳序。此集詩詞以時間爲序，詞止於其三十九歲生辰所作《内家嬌》，詩止於四十歲之《除夕寧國旅店憶兒烺》，此蓋吴氏不惑前自定文集也。今所據北大藏本前有胡適題辭，正文處又有胡之眉批。其中涉及吴敬梓詩詞、《儒林外史》，或指瑕，或稱賞，亦可見《年譜》史源之所出也。

三、文木山房詩説

《文木山房詩説》不分卷，清吴敬梓撰，抄本。封面題『文木山房詩説』，下雙行題『舊抄本』『戊子四月收』，鈐有『獻唐』名章（此封未拍攝）。首葉第一行題『文木山房詩説』，下鈐有『王獻唐』名章及『平樂印廬』章。第二行題『全椒吴敬梓敏軒纂』。末葉鈐有『獻唐劫後所得』章。全書不分卷，無目次，共三十六葉，每半葉八行，行二十字，約一萬一千字。金和跋《儒林外史》曰：『先生著有《詩説》七卷，是書載有《溱洧》篇數語，他如「南有喬木」爲祀漢江神女之詞；《凱風》爲七子之母不能食貧居賤，與淫風無涉；「爰采唐矣」爲戴嬀答莊姜「燕燕於飛」而作，皆前賢所未發。』後清人著述屢次稱引而不見，百餘年後始出於上圖。全椒吴氏素有《詩》學傳統，沈大成《全椒吴徵君詩集序》謂『先生少治《毛詩》』，是書當可謂文木先生治毛詩之雪泥鴻爪也。

第一册目録

儒林外史五十六回（第一至十二回）

（清）吴敬梓 撰

清嘉慶八年（1803）卧閑草堂刻本

嘉慶八年新鐫

儒林外史

卧閑草堂藏板

儒林外史序

古今稗官野史不下數百千種而三國志西遊記水滸傳及金瓶梅演義世稱四大奇書人〻樂得而觀之余竊有疑焉稗官為史之支流善讀稗官者可進于史故其為書

亦必善善惡惡俾讀者有所觀感戒懼而風俗人心庶以維持不壞也西遊元旨荒渺讀者謂為談道之書所云意馬心猿金公木母大抵心即是佛之旨予弗敢知三國不失合正史而就中魏晉代禪依樣葫蘆

天道循環可爲篡弑者鑒其他蜀與吳所以廢興存亡之故亦具可發人深省予何敢厚非至水滸金瓶梅誨盜誨淫久干例禁乃言者津津誇其章法之奇用筆之妙且謂其摹寫人物事故即家常日用

米塩瑣屑皆名家神盡相畫
工化工合為一手從来稗官無有
出其右者嗚乎其来見儒林外史
一書乎夫曰外史原不自居正史之
列也曰儒林迴異元虛荒渺之談
也其書以功名富貴為一篇之骨

有心艷功名富貴而媚人下人者有倚仗功名富貴而驕人傲人者有假托無意功名富貴自以為高被人看破恥笑者終乃以辭卻功名富貴品地窮上一層為中流砥柱篇中所載之人不可枚舉而其人之

性情心術一一活現紙上讀之者無論是何人品無不可取以自鏡傳云善者感發人之善心惡者懲創人之逸志是書有焉甚矣有水滸金瓶梅之筆之才而非若水滸金瓶梅之致爲風俗人心之害也則與其

讀水滸金瓶梅無寧讀儒林外史世有善讀稗官者當不河漢予言也夫

乾隆元年春二月閑齋老人序

儒林外史全傳目錄

儒林外史第一回

說楔子敷陳大義　借名流隱括全文

人生南北多歧路將相神仙也要凡人做百代興亡朝復暮江風吹倒前朝樹功名富貴無憑據費盡心情總把流光誤濁酒三杯沈醉去水流花謝知何處這一首詞也是個老生常談不過說人生富貴功名是身外之物但世人一見了功名便捨著性命去求他及至到手之後味同嚼蠟自古及今那一個是看得破的雖然如

此說元朝末年也曾出了一個嶔崎磊落的人這人姓王名冕在諸暨縣鄉村裏住七歲上死了父親他母親做些針指供給他到村學堂裏去讀書看看三个年頭王冕已是十歲了母親喚他到面前來說道兒阿不是我有心要耽誤你只因你父親亡後我一个寡婦人家只有出去的沒有進來的年歲不好柴米又貴這幾件舊衣服和些舊傢伙當的當了賣的賣了只靠著我替人家做些針指生活尋來的錢如何供

得你讀書如今沒奈何把你僱在間壁人家放牛每月可以得他幾錢銀子你又有現成飯喫只在明日就要去了王冕道娘說的是我在學堂裏坐著心裏也悶不如往他家放牛倒快活些假如我要讀書依舊可以帶幾本去讀當夜商議定了第二日母親同他到間壁秦老家秦老留著他母子兩个喫了早飯牽出一條水牛來交與王冕指著門外道就在我這大門過去兩箭之地便是七泖湖湖邊一帶綠草各家的

午都在那裡打睡又有幾十顆合抱的垂楊樹十分陰涼牛要渴了就在湖邊上飲水小哥你只在這一帶頑耍不必遠去我老漢每日兩餐小菜飯是不少的每日早上還折兩個錢與你買點心吃只是百事勤謹些休嫌怠慢他母親謝了擾要回家去王冕送出門來母親替他理理衣服口裏說道你在此須要小心休惹人說不是早出晚歸免我懸望王冕應諾母親含着兩眼眼淚去了王冕自此只在秦家放牛每到

黃昏回家跟着母親歇宿或遇秦家煮些醃魚臘肉給他喫他便拏塊荷葉包了來家遞與母親每日點心錢他也不買了喫聚到一兩个月便偷个空走到村學堂裏見那闖學堂的書客就買幾本舊書日逐把牛拴了坐在柳陰樹下看彈指又過了三四年王冕看書心下也著實明白了那日正是黃梅時候天氣煩躁王冕放牛倦了在綠草地上坐著須臾濃雲密布一陣大雨過了那黑雲邊上鑲著白雲漸漸散去透

出一派日光來照耀得滿湖通紅湖邊上山青一塊紫一塊綠一塊樹枝上都像水洗過一番的尤其綠得可愛湖裡有十來枝荷花苞子上淸水滴滴荷葉上水珠滚來滚去王冕看了一囘心裏想道古人說人在畫圖中其實不錯可惜我這裏沒有一个畫工把這荷花畫他幾枝也覺有趣又心裏想道天下那有个學不會的事我何不自畫他幾枝正存想間只見遠遠的一个夯漢挑了一担食盒來手裏提着一瓶酒

食盒上掛著一塊毡條來到柳樹下將氊鋪了食盒打開那邊走過三个人來頭帶方巾一个穿寶藍夾紗直綴兩人穿元色直裰都有四五十歲光景手搖白紙扇緩步而來那穿寶藍直裰的是个胖子來到樹下尊那穿元色的一个鬍子坐在上面那一个瘦子坐在對席他想是主人了坐在下面把酒來斟吃了一回那胖子開口道危老先生回來了新買了住宅比京裏鐘樓街的房子還大些值得二千兩銀子因老

先生要買房主人讓了幾十兩銀賣了圖个名望體面前月初十搬家太尊縣父母都親自到門來賀留着吃酒到二三更天街上的人那一个不敬那瘦子道縣尊是壬午舉人乃危老先生門生這是該來賀的那胖子道做親家也是危老先生門生而今在河南做知縣前日小婿來家帶二斤乾鹿肉來見惠這一盤就是了這一回小婿再去托做親家寫一封字來去晉謁晉謁危老先生他若肯下鄉回拜也免得這些

鄉戶人家放了驢和豬在你我田裏吃糧食那瘦子道危老先生要算一个學者了那鬍子說道聽見前日出京時皇上親自送出城外攜著手走了十幾步危老先生再三打躬辭了方纔上轎回去看這光景莫不是就要做官三人你一句我一句說个不了王冕見天色晚了牽了牛回去自此聚的錢不買書了託人向城裏買些胭脂鉛粉之類學畫荷花初時畫得不好畫到三个月之後那荷花精神顏色無一不像只

多著一張紙就像是湖裏長的又像纔從湖裏摘下來貼在紙上的鄉間人見畫得好也有拏錢來買的王冕得了錢買些好東好西孝敬母親一傳兩兩傳三諸暨一縣都曉得是一个畫沒骨花卉的名筆爭著來買到了十七八歲不在秦家了每日畫幾筆畫讀古人的詩文漸漸不愁衣食母親心裏歡喜這王冕天性聰明年紀不滿二十歲就把那天文地理經史上的大學問無一不貫通但他性情不同既不求官爵

又不交納朋友終日閉戶讀書又在楚辭圖上看見畫的屈原衣冠他便自造一頂極高的帽子一件極闊的衣服遇著花明柳媚的時節把一乘牛車載了母親他便戴了高帽穿了闊衣執著鞭子口裏唱著歌曲在鄉村鎮上以及湖邊到處頑耍惹的鄉下孩子們三五成羣跟著他笑他也不放在意下只有隔壁秦老雖然務農却是个有意思的人因自小看見他長大如此不俗所以敬他愛他時時和他親熱邀在草

堂裏坐著說話兒一日正和秦老坐著只見外邊走進一个人來頭帶瓦楞帽身穿青布衣服秦老迎接叙禮坐下這人姓翟是諸暨縣一个頭役又是買辦因秦老的兒子秦大漢拜在他名下叫他乾爺所以常時下鄉來看親家秦老慌忙叫兒子烹茶殺雞煮肉欵留他就要王冕」相陪彼此道過姓名那翟買辦道只位王相公可就是會畫沒骨花的麼秦老道便是了親家你怎得知道翟買辦道縣裏人那个不曉得因

前日本縣老爺吩咐要畫二十四副花卉册頁送上司此事交在我身上我聞有王相公的大名故此一徑來尋親家今日有緣遇著王相公是必費心大筆畫一畫在下半个月後下鄉來取老爺少不得還有幾兩潤筆的銀子一併送來秦老在傍著實攛掇王冕屈不過秦老的情只得應諾了回家用心用意畫了二十四副花卉都題了詩在上面翟頭役稟過了本官那知縣時仁發出二十四兩銀子來翟買辦扣尅了

十二兩只拏十二兩銀子送與王冕將冊頁取去時知縣又辦了幾樣禮物送與危素作候問之禮危素受了禮物只把這本冊頁看了又看愛玩不忍釋手次日備了一席酒請時知縣來家致謝當下寒暄已畢酒過數巡危素道前日承老父臺所惠冊頁花卉還是古人的呢還是現在人畫的時知縣不敢隱瞞便道這就是門生治下一个鄉下農民叫做王冕年紀也不甚大想是纔學畫幾筆難入老師的法眼危素歎

道我學生出門久了故鄉有如此賢士竟坐不知可爲慚愧此兄不但才高胷中見識大是不同將來名位不在你我之下不知老父臺可以約他來此相會一會麼時知縣道這个何難門生出去即遣人相約他聽見老師相愛自然喜出望外了說罷辭了危素回到衙門差翟買辦持个侍生帖子去約王冕翟買辦飛奔下鄉到秦老家邀王冕過來一五一十向他說了王冕笑道却是起動頭翁上覆縣主老爺說王冕乃

一介農夫不敢求見這尊帖也不敢領翟買辦
變了臉道老爺將帖請人誰敢不去况這件事
原是我照顧你的不然老爺如何得知你會畫
花論理見過老爺還該重重的謝我一謝纔是
如何走到這裡茶也不見你一杯却是推三阻
四不肯去見是何道理叫我如何去回覆得老
爺難道老爺一縣之主叫不動一个百姓麼王
冕道頭翁你有所不知假如我為了事老爺拏
票子傳我我怎敢不去如今將帖來請原是不

逼迫我的意思了我不願去老爺也可以相諒翟買辦道你這都說的是甚麼話票子傳着倒要去帖子請著倒不去這不是不識抬舉了秦老勸道王相公也罷老爺拿帖子請你自然是好意你同親家去走一回罷自古道滅門的知縣你和他拗些甚麼王冕道秦老爹頭翁不知你是聽見我說過的不見那段干木泄柳的故事麼我是不願去的翟買辦道你這是難題目與我做叫我拿甚麼話去回老爺秦老道這个果

然也是兩難若要去時王相公又不肯若要不去親家又難回話我如今倒有一法親家回縣裏不要說王相公不肯只說他抱病在家不能就來一兩日間好了就到翟買辦道害病句就要取四鄰的甘結彼此爭論了一番秦老整治晚飯與他吃了又暗叫了王冕出去問母親秤了三錢二分銀子送與翟買辦做差錢方纔應諾去了回覆知縣知縣心裏想道這小厮那裏害甚麽病想是翟家這奴才走下鄉狐假虎威

着實恐嚇了他一場他從來不曾見過官府的人害怕不敢來了老師既把這个人託我我若不把他就叫了來見老師也惹得老師笑我做事疲軟我不如竟自已下鄉去拜他他看見賞他臉面斷不是難爲他的意思自然大著胆見我我就便帶了他來見老師却不是辦事勤敏又想道一个堂堂縣令屈尊去拜一个鄉民惹得衙役們笑話又想道老師前日口氣甚是敬他老師敬他十分我就該敬他一百分况且屈

尊敬賢將來志書上少不得稱贊一篇這是萬古千年不朽的勾當有甚麼做不得當下定了主意次早傳齊轎夫也不用全副執事只帶八个紅黑帽夜役軍牢翟買辦扶著轎子一直下鄉來鄉里人聽見鑼響一个个扶老攜幼挨擠了看轎子來到王冕門首只見七八間草屋一扇白板門緊緊關著翟買辦搶上幾步忙去敲門敲了一會裏面一个婆婆拄着拐杖出來說道不在家了從清早晨牽牛出去飲水尚未回

來翟買辦道老爺親自在這裏傳你家兒子說
話怎的慢條斯理快快說在那裏我好去傳那
婆婆道其實不在家了不知在那裏說畢關著
門進去了說話之間知縣轎子已到翟買辦跪
在轎前禀道小的傳王冕不在家裏請老爺龍
駕到公館裏略坐一坐小的再去傳扶著轎子
過王冕屋後來屋後橫七豎八幾稜窄田埂遠
遠的一面大塘塘邊都栽滿了榆樹桑樹塘邊
那一望無際的幾頃田地又有一坐山雖不甚

大都青葱樹木堆滿山上約有一里多路彼此叫呼還聽得見知縣正走著遠遠的有個牧童倒騎水牯牛從山嘴邊轉了過來翟買辦趕將上去問道秦小二漢你看見你隔壁的王老大牽了牛在那裏飲水哩小二道王大叔麼他在二十里路外王家集親家家吃酒去了這牛就是他的央及我替他趕了來家翟買辦如此這般稟了知縣知縣變著臉道既然如此不必進公館了卽回衙門去罷時知縣此時心中十分

惱怒本要立即差人拏了王冕來責懲一番又想恐怕危老師說他暴躁且忍口氣回去慢慢向老師說明此人不中抬舉再處置他也不遲知縣去了王冕並不曾遠行即時走了來家秦老過來抱怨他道你方纔也太執意了他是一縣之主你怎的這樣怠慢他王冕道老爹請坐我告訴你時知縣倚著危素的勢要在這裏酷虐小民無所不爲這樣的人我爲甚麼要相與他但他這一番回去必定向危素說危素老羞

變怒恐要和我計較起來我如今辭別老爹收拾行李到别處去躲避幾時只是母親在家放心不下母親道我兒你歴年賣詩賣畫我也積聚下三五十兩銀子柴米不愁沒有我雖年老又無疾病你自放心出去躲避些時不妨你又不曾犯罪難道官府來拏你的母親去不成秦老道這也說得有理况你埋沒在這鄉村鎮上雖有才學誰人是識得你的此番到大邦去處或者走出些遇合來也不可知你尊堂家下大

小事故一切都在我老漢身上替你扶持便了王冕拜謝了秦老秦老又走回家去取了些酒肴來替王冕送行吃了半夜酒回去次日五更王冕起來收拾行李吃了早飯恰好秦老也到王冕拜辭了母親又拜了秦老兩拜母子灑淚分手王冕穿上蔴鞋背上行李秦老手提一个小白燈籠直送出村口灑淚而别秦老手拿燈籠跕着看着他走走的望不着了方纔回去王冕一路風餐露宿九十里大跕七十里小跕一

徑來到山東濟南府地方這山東雖是近北省分這會城却也人物富庶房舍稠密王冕到了此處盤費用盡了只得租个小菴門面屋賣卜測字也畫兩張没骨的花卉貼在那裏賣與過往的人每日問卜賣畫到也擠个不開彈指間過了半年光景濟南府裏有幾个俗財主也愛王冕的畫時常要買又自已不來遣幾个粗夯小厮動不動大呼小叫鬧的王冕不得安穩王冕心不耐煩就畫了一條大牛貼在那裏又題

幾句詩在上含着譏刺也怕從此有口舌正思量搬移一個地方那日清早纔坐在那裏只見許多男女啼啼哭哭在街上過也有挑着鍋的也有籮担內挑着孩子的一个个面黃肌瘦衣裳襤褸過去一陣又是一陣把街上都塞滿了也有坐在地上就化錢的問其所以都是黃河沿上的州縣被河水决了田廬房舍盡行漂沒這是些逃荒的百姓官府又不管只得四散覓食王冕見此光景過意不去歎了一口氣道河

水北流天下自此將大亂了我還在這裏做甚麼將些散碎銀子收拾好了拴束行李仍舊回家入了浙江境纔打聽得危素已還朝了時知縣也陞任去了因此放心回家拜見母親看見母親康健如常心中歡喜母親又向他說秦老許多好處他慌忙打開行李取出一匹繭紬一包耿餅拏過去拜謝了秦老秦老又備酒與他洗塵自此王冕依舊吟詩作畫奉養母親又過了六年母親老病臥床王冕百方延醫調治總

不見效一日母親吩咐王冕道我眼見得不濟事了但這幾年來人都在我耳根前說你的學問有了該勸你出去做官做官怕不是榮宗耀祖的事我看見這些做官的都不得有甚好收場况你的性情高傲倘若弄出禍來反爲不美我兒可聽我的遺言將來娶妻生子守着我的墳墓不要出去做官我死了口眼也閉王冕哭着應諾他母親淹淹一息歸天去了王冕擗踊哀號哭得那鄰舍之人無不落淚又虧秦老一

力幫襯制備衣衾棺槨王冕負土成墳三年苦塊不必細說到了服闋之後不過一年有餘天下就大亂了方國珍據了浙江張士誠據了蘇州陳友諒據了湖廣都是些草竊的英雄只有太祖皇帝起兵滁陽得了金陵立為吳王乃是王者之師提兵破了方國珍號令全浙鄉村鎮市並無騷擾一日日中時分王冕正從母親墳上拜埽回來只見十幾騎馬竟投他村裏來為頭一人頭戴武巾身穿團花戰袍白淨面皮三

綹髭鬚眞有龍鳳之表那人到門首下了馬向王冕施禮道動問一聲那裏是王冕先生家王冕道小人王冕這裏便是寒舍那人喜道如此甚妙特來晉謁吩咐從人都下了馬屯在外邊把馬都繫在湖邊柳樹上那人獨和王冕攜手進到屋裏分賓主施禮坐下王冕道不敢拜問尊官尊姓大名因甚降臨這鄉僻所在那人道我姓朱先在江南起兵號滁陽王而今據有金陵稱爲吳王的便是因平方國珍到此特來拜

訪先生王冕道鄉民肉眼不識原來就是王爺但鄉民一介愚人怎敢勞王爺貴步吳王道孤是一个粗鹵漢子今得見先生儒者氣像不覺功利之見頓消孤在江南郎慕大名今來拜訪要先生指示浙人久反之後何以能服其心王冕道大王是高明遠見的不消鄉民多說若以仁義服人何人不服豈但浙江若以兵力服人浙人雖弱恐亦義不受辱不見方國珍麼吳王歎息點頭稱善兩人促膝談到日暮那些從者

都帶有乾糧王冕自到廚下烙了一斤麵餅炒了一盤韭菜自捧出來陪著吳王吃了稱謝教誨上馬去了這日秦老進城回來問及此事王冕也不曾說就是吳王只說是軍中一个將官向年在山東相識的故此來看我一看說著就罷了不數年間吳王削平禍亂定鼎應天天下一統建國號大明年號洪武鄉村人各各安居樂業到了洪武四年秦老又進城裏回來向王冕道危老爺已自問了罪發在和州去了我帶

了一本邸抄來與你看王冕接過來看纔曉得危素歸降之後妄自尊大在太祖面前自稱老臣太祖大怒發往和州守余闕墓去了此一條之後便是禮部議定取士之法三年一科用五經四書八股文王冕指與秦老看道這个法却定的不好將來讀書人既有此一條榮身之路把那文行出處都看得輕了說著天色晚了下來此時正是初夏天時乍熱秦老在打麥場上放下一張桌子兩人小飲須臾東方月上照耀

得如同萬頃玻璃一般那些眠鷗宿鷺闃然無聲王冕左手持杯右手指着天上的星向秦老道你看貫索犯文昌一代文人有厄話猶未了忽然起一陣怪風刮的樹木都颼颼的響水面上的禽鳥格格驚起了許多王冕同秦老嚇的將衣袖蒙了臉少頃風聲略定睜眼看時只見天上紛紛有百十个小星都墜向東南角上去了王冕道天可憐見降下這一夥星君去維持文運俄們是不及見了當夜收拾家伙各自歇

息自此以後時常有人得說朝廷行文到浙江
布政司要徵聘王冕出來做官初時不在意裏
後來漸漸說的多了王冕並不通知秦老私自
收拾連夜逃往會稽山中半年之後朝廷果然
遣一員官捧著詔書帶領許多人將著綵緞表
裡來到秦老門首見秦老八十多歲鬢髮皓然
手扶拄杖那官與他施禮秦老讓到草堂坐下
那官問道王冕先生就在這莊上麼而今皇恩
授他咨議參軍之職下官特地捧詔而來秦老

道他雖是這里人只是久矣不知去向了秦老
歇過了茶領那官員走到王冕家推開了門見
蠨蛸滿室蓬蒿滿徑知是果然去得久了那官
咨嗟歎息了一回仍舊捧詔回旨去了王冕隱
居在會稽山中並不自言姓名後來得病去世
山鄰歛些錢財葬于會稽山下是年秦老亦壽
終於家可笑近來文人學士說著王冕都稱他
做王參軍究竟王冕何曾做過一日官所以表
白一番這不過是个楔子下面還有正文

元人雜劇開卷率有楔子楔子者借他事以引起所記之事也然與本事毫不相涉則是庸手俗筆隨意塡凑何以見筆墨之妙乎作者以史漢才作為稗官觀楔子一卷全書之血脈經絡無不貫穿玲瓏真是不肯浪費筆墨

功名富貴四字是全書第一着眼處故開口即叫破却只輕輕點逗以後千變萬化無非從此四个字現出地獄變相可謂一莖草化

丈六金身

穿濶衣戴高帽嘆黃河北流都是王元章本傳內事用來都不着形跡

功名富貴人所必爭王元章不獨不要功名富貴並且躲避功名富貴不獨王元章躲避功名富貴元章之母亦生怕功名富貴嗚呼是真其性與人殊歟蓋天地之大何所不有原有一種不食烟火之人難與世間人同其嗜好耳

翟買辦替時知縣辦事時知縣替危老師辦事各人辦各人的事元章非其注意之人也

世有窮書生得納交于知縣詡詡然自謂人生得一知巳死可不恨者安知其不因危老師而來也

不知姓名之三人是全部書中諸人之影子其所談論又是全部書中言辭之程式小小一段文字亦大有關係

學畫荷花便有雨雲湖光一段將諸星辰便

有露凉夜靜一段文筆異樣烘染
秦老是極有情的人却不讀書不做官而不
害其爲正人君子作者于此寄慨不少

儒林外史第一回

儒林外史第二回

王孝廉村學識同科　周蒙師暮年登上第

話說山東兗州府汶上縣有个鄉村叫做薛家集這集上有百十來人家都是務農爲業村口一个觀音庵殿宇三間之外另還有十幾間空房子後門臨著水次這庵是十方的香火這得一个和尚住集上人家凡有公事就在這庵裏來同議那時成化末年正是天下繁富的時候新年正月初八日集上人約齊了都到庵裏來

議鬧龍燈之事到了早飯時候爲頭的申祥甫帶了七八个人走了進來在殿上拜了佛和尚走來與諸位見節都還過了禮申祥甫發作和尚道和尚你新年新歲也該把菩薩面前香燭點勤些阿彌陀佛受了十方的錢鈔也要消受又叫諸位都來看看這琉璃燈內只得半琉璃油指著內中一个穿齊整些的老翁說道不論別人只這一位荀老爹三十晚裏還送了五十斤油與你白白給你炒菜吃全不敬佛和尚陪

著小心等他發作過了拏一把鉛壺撮了一把苦丁茶葉倒滿了水在火上燎的滚熱送與衆位吃荀老爹先開口道今年龍燈上廟我們戶下各家須出多少銀子申祥甫道且住等我親家來一同商議正說著外邊走進一个人來兩隻紅眼邊一副鍋鐵臉幾根黃鬍子歪戴著瓦楞帽身上青布衣服就如油簍一搬手裡拿着一根趕驢的鞭子走進門來和衆人拱一拱手一屁股就坐在上席這人姓夏乃薛家集上舊

年新叅的總甲夏總甲坐在上席先吩咐和尚道和尚把我的驢牽在後園槽上卸了鞍子將些草喂的飽飽的我議完了事還要到縣門口黃老爹家吃年酒去哩吩咐過了和尚把腿蹺起一隻來自已拏拳頭在腰上只管搥搥著說道俺如今到不如你們務農的快活了想這新年大節老爺衙門裏三班六房那一位不送帖子來我怎好不去賀節每日騎着這個驢上縣下鄉跑得昏頭暈腦打緊又被這瞎眼的亡人

在路上打个前失把我跌了下來跌的腰胯生
疼申祥甫道新年初三我備了个豆腐飯邀請
親家想是有事不得來了夏總甲道你還說哩
從新年這七八日何曾得一个閒恨不得長出
兩張嘴來還吃不退就像今日請我的黄老爹
他就是老爺面前㸃得起來的班頭他抬舉我
我若不到不惹他怪申祥甫道西班黄老爹我
聽見說他從年裡頭就是老爺差出去了他家
又無兄弟兒子却是誰做主人夏總甲道你又

不知道了今日的酒是快班李老爹請李老爹家房子褊窄所以把席擺在黃老爹家大廳上說了半日纔講到龍燈上夏總甲道這樣事俺如今也有些不耐煩管了從前年年是我做頭衆人爲了功德賴着不拿出來不知累俺賠了多少況今年老爺衙門裏頭班句二班句西班句快班家家都興龍燈我料想看个不了那得功夫來看鄉裏這條把燈但你們說了一場我也少不得搭个分子任憑你們那一位做頭像

這荀老爹田地廣糧食又多叫他多出些你們各家照分子派這事就舞起來了眾人不敢違拗當下捺着姓荀的出了一半其餘眾戶也派了共二三兩銀子寫在紙上和尚捧出茶盤雲片糕紅棗和些瓜子豆付乾栗子雜色糖擺了兩桌尊夏老爹坐在首席斟上茶來申祥甫又說孩子大了今年要請一个先生就是這觀音庵裏做个學堂眾人道俺們也有好幾家孩子要上學只這申老爹的令郎就是夏老爹的令

婿夏老爹時刻有縣主老爺的牌票也要人認得字只是這个先生須是要城裏去請纔好夏總甲道先生倒有一个你道是誰就是咱衙門裏戶總科提控顧老相公家請的一位先生姓周官名叫做周進年紀六十多歲前任老爺取過他个頭名却還不曾中過學顧老相公請他在家裏三个年頭他家顧小舍人去年就中了學和咱鎮上梅三相一齊中的那日從學裏師爺家迎了回來小舍人頭上戴著方巾身上披

着大紅紬騎着老爺棚子裏的馬大吹大打來
到家門口俺合衙門的人都攔着街遞酒落後
請將周先生來顧老相公親自奉他三杯尊在
首席點了一本戲是梁灝八十歲中狀元的故
事顧老相公爲這戲心裏還不大喜歡樂後戲
文內唱到梁灝的學生郤是十七八歲就中了
狀元顧老相公知道是替他兒子發兆方纔喜
了你們若要先生俺替你把周先生請來衆人
都說是好吃完了茶和尚又下了一筋牛肉麵

吃了各自散訖次日夏總甲果然替周先生說了每年館金十二兩銀子每日二分銀子在和尚家代飯約定燈節後下鄉正月二十開館到了十六日衆人將分子送到申祥甫家備酒飯請了集上新進學的梅三相做陪客那梅玖戴着新方巾老早到了直到巳牌時候周先生纔來聽得門外狗叫申祥甫走出去迎了進來衆人看周進時頭戴一頂舊氈帽身穿元色紬舊直綴那右邊袖子同後邊坐處都破了腳下一

雙舊大紅紬鞋黑瘦面皮花白鬍子申祥甫拱進堂屋梅玖方纔慢慢的立起來和他相見周進就問此位相公是誰衆人道這是我們集上在庠的梅相公周進聽了謙讓不肯僭梅玖作揖梅玖道今日之事不同周進再三不肯衆人道論年紀也是周先生長先生請老實些罷梅玖回顧頭來向衆人道你衆位是不知道我們學校規矩老友是從來不同小友序齒的只是今日不同還是周長兄請上原來明朝士大夫

稱儒學生員叫做朋友稱童生是小友比如童生進了學不怕十幾歲也稱爲老友若是不進學就到八十歲也還稱小友就如女兒嫁人的嫁時稱爲新娘後來稱呼奶奶太太就不叫新娘了若是嫁與人家做妾就到頭髮白了還要喚做新娘閒話休題閙進因他說這樣話到不同他讓了竟僭著他作了揖衆人都作過揖坐下只有周梅二位的茶杯裏有兩枚生紅棗其餘都是清茶吃過了茶擺兩張桌子杯筯尊周

先生首席梅相公二席衆人序齒坐下斟上酒
來周進接酒在手向衆人謝了擾一飲而盡隨
即每桌擺上八九个碗乃是猪頭肉公雞鯉魚
肚肺肝腸之類叫一聲請一齊舉筋却如風捲
殘雲一般早去了一半看那周先生時一筋也
不曾下申祥甫道今日先生爲甚麼不用肴饌
却不是上門怪人揀好的遞了過來周進攔住
道實不相瞞我學生是長齋衆人道這个倒失
于打點却不知先生因甚吃齋周進道只因當

年先母病中在觀音菩薩位下許的如今也吃過十幾年了梅玖道我因先生吃齋倒想起一个笑話是前日在城裏我那案伯顧老相公家聽見他說的有个做先生的一字至七字詩衆人都停了筯聽他念詩他便念道獃一字秀才二字吃長齋三字鬍鬚滿腮四字經書不揭開五字紙筆自已安排六字明年不請我自來七字念罷說道像我這周長兄如此大才獃是不獃的了又掩著口道秀才指日就是那吃長齋

鬍鬚滿腮竟被他說一个著說罷哈哈大笑衆
人一齊笑起來周進不好意思申祥甫連忙斟
一杯酒道梅三相該敬一杯顧老相公家西席
就是周先生了梅玖道我不知道該罰該罰但
這个話不是為周長兄他說明了是个秀才但
這吃齋也是好事先年俺有一个母舅一口長
齋後來進了學老師送了丁祭的胙肉來外祖
母道丁祭肉若是不吃聖人就要計較了大則
降災小則害病只得就開了齋俺這周長兄只

到今年秋祭少不得有胙肉送來不怕你不關哩衆人說他發的利市好同斟一杯送與周先生預賀把周先生臉上羞的紅一塊白一塊只得承謝衆人將酒接在手裏廚下捧出湯點來一大盤實心饅頭一盤油煎的扛子火燒衆人道這點心是素的先生用幾个周進怕湯不潔淨討了茶來喫點心內中一人問申祥甫道你親家今日在那裏何不來陪先生坐坐申祥甫道他到快班李老爹家吃酒去了又一个人道

李老爹這幾年在新任老爺手裏著實跑起來了怕不一年要尋千把銀子只是他老人家好賭不如西班黃老爹當初也在這些事裏頭要這幾年成了正果家裏房子蓋的像天宮一般好不熱鬧荀老爹向申祥甫道你親家自從當了門戶時運也算走順風再過兩年只怕也要弄到黃老爹的意思哩申祥甫道他也要算停當的了若想到黃老爹的地步只怕還有做幾年的夢梅相公正喫著火燒接口道做夢倒也

有些淮哩因問周進道長兄這些年考校可曾得个甚麼夢兆周進道倒也沒有梅玖道就是徼倖的這一年正月初一日我夢見在一个極高的山上天上的日頭不差不錯端端正正掉了下來壓在我頭上驚出一身的汗醒了摸一摸頭就像還有些熱彼時不知甚麼原故如今想來好不有準于是點心喫完又斟了一巡酒直到上燈時候梅相公同衆人別了回去申祥甫拿出一副藍布被褥送周先生到觀音庵歇

宿向和尚說定館地就在後門裏這兩間屋內直到開館那日申祥甫同着衆人領了學生來七長八短幾个孩子拜見先生衆人各自散了周進上位教書晚間學生家去把各家贄見拆開來看只有荀家是一錢銀子另有八分銀子代茶其餘也有三分的也有四分的也有十來个錢的合攏了不勾一个月飯食周進一總包了交與和尚收着再算那些孩子就像蠢牛一般一時照顧不到就溜到外邊去打瓦踢毬每

日淘氣不了周進只得捺定性子坐着教導不覺兩个多月天氣漸暖周進喫過午飯開了後門出來河沿上望望雖是鄉村地方河邊却也有幾樹桃花柳樹紅紅綠綠間雜好看看了一回只見濛濛的細雨下將起來周進見下雨轉入門內望著雨下在河裏烟籠遠樹景致更妙這雨越下越大却見上流頭一隻船冒雨而來那船本不甚大又是蘆蓆篷所以怕雨將近河岸看時中艙坐著一个人船尾坐着兩个從人

船頭上放着一担食盒將到岸邊那人連呼船家泊船帶領從人走上岸來周進看那人時頭戴方巾身穿寶藍緞直裰腳下粉底皂靴三綹髭鬚約有三十多歲光景走到門口與周進舉一舉手一直進來自已口裏說道原來是个學堂周進跟了進來作揖那人還了个半禮道你想就是先生了周進道正是那人問從者道和尚怎的不見說著和尚忙走了出來道原來是王大爺請坐僧人去烹茶來向著周進道這王

大爺就是前科新中的先生陪了坐著我去拏茶那王舉人也不謙讓從人擺了一条櫈子就在上首坐了周進下面相陪王舉人道你這位先生貴姓周進知他是个舉人便自稱道晚生姓周王舉人道去年在誰家作館周進道在縣門口顧老相公家王舉人道足下莫不是就在我白老師手裏曾考過一个案首的說這幾年在顧二哥家做館不差不差周進道俺這顧東家老先生也是相與的王舉人道顧二哥是俺

戶下册書又是拜盟的好弟兄須與和尙獻上茶來喫了周進道老先生的硃卷是晚生熟讀過的後面兩大股文章尤其精妙王舉人道那兩股文章不是俺作的周進道老先生又過謙了却是誰作的呢王舉人道雖不是我作的却也不是人作的那時頭場初九日天色將晚第一篇文章還不曾做完自已心裏疑惑說我平日筆下最快今日如何遲了正想不出來不覺瞌睡上來伏着號板打一个盹只見五个青臉

的人跳進號來中間一人手裏拿着一枝大筆把俺頭上點了一點就跳出去了隨卽一个戴紗帽紅袍金帶的人揭簾子進來把俺拍了一下說道王公請起那時弟汗嚇了一跳通身冷醒轉來拏筆在手不知不覺寫了出來可見貢院裏鬼神是有的弟也曾把這話回稟過大主考座師座師就道弟該有鼎元之分正說得熱閙一个小學生送倣來批周進叫他閣著王舉人道不妨你只管去批倣俺還有别的事周進

只得上位批倣王舉人吩咐家人道天已黑了
雨又不住你們把船上的食盒挑了上來叫和
尚拿升米做飯船家叫他伺候着明日早走向
周進道我方纔上墳回來不想遇着雨耽擱一
夜說着就猛然回頭一眼看見那小學生的倣
紙上的名字是荀玫不覺就喫了一驚一會兒
咂嘴弄唇的臉上做出許多怪物像周進又不
好問他批完了倣依舊陪他坐着他就問道方
纔這小學生幾歲了周進道他纔七歲王舉人

道是今年纔開蒙這名字是你替他起的周進道這名字不是晚生起的開蒙的時候他父親央及集上新進梅朋友替他起名梅朋友說自已的名字叫做玖也替他起个王傍的名字發發兆將來好同他一樣的意思王舉人笑道說起來竟是一場笑話弟今年正月初一日夢見看會試榜弟中在上面是不消說了那第三名也是汶上人叫做荀玫弟正疑惑我縣裏沒有這一个姓荀的孝廉誰知竟同着這个小學生

的名字難道和他同榜不成說罷就哈哈大笑起來道可見夢作不得准況且功名大事總以文章爲主那裏有甚麽鬼神周進道老先生夢也竟有準的前日晚生初來會著集上梅朋友他說也是正月初一日夢見一个大紅日頭落在他頭上他這年就飛黃騰達的王舉人道這話更作不得準了比如他進過學就有日頭落在他頭上像我這發過的不該連天都掉下來是俺頂着的了彼此說着閒話掌上燈燭管家

捧上酒飯雞魚鴨肉堆滿春臺王舉人也不讓周進自己坐著喫了收下碗去落後和尚送出周進的飯來一碟老葉菜一壺熱水周進也喫了呌了安置各自歇宿次早天色已晴王舉人起來洗了臉穿好衣服拱一拱手上船去了撒了一地的雞骨頭鴨翅膀魚刺瓜子殼周進昏頭昏惱掃了一早晨自這一番之後、薛家集的人都曉得荀家孩子是縣裏王舉人的進士同年傳爲笑話這些同學的孩子趕着他就不呌荀玫了都呌他荀進士各家父兒聽見這話都各不平偏要在荀老翁跟前恭喜說他是个封翁太老爺把个荀老爹氣得有口難分申祥甫背地裏又向衆人道那里是王舉人親口說這番話這就是周先生看見我這一集上只有荀家有幾个錢揑造出這話來奉承他圖他个逢時遇節他家多送兩个盒子俺前日聽見說荀家炒了些麵筋豆腐干送在庵裏又送了幾回饅頭火燒就是這些原故了衆人都不喜歡

以此周進安身不牢因是礙着夏總甲的面皮不好辭他將就混了一年後來夏總甲也嫌他獃頭獃惱不知道常來承謝由着衆人把周進辭了來家那年却失了館在家日食艱難一日他姊丈金有餘來看他勸道老舅莫怪我說你這讀書求功名的事料想也是難了人生世上難得的是這碗現成飯只管稂不稂莠不莠的到幾時我如今同了幾个大本錢的人到省城去買貨差一个記賬的人你不如同我們去走

走你又孤身一人在客夥內還是少了你喫的穿的周進聽了這話自己想癖子掉在井裏撈起來也是坐有甚虧負我隨即應允了金有餘擇个吉日同一夥客人起身來到省城襍貨行裡住下周進無事閒着街上走走着見紛紛的工匠都說是修理貢院周進跟到貢院門口想挨進去看被看門的大鞭子打了出來晚間向姐夫說要去看看金有餘只得用了幾个小錢一夥客人都也同了去看又央及行主人領着

行主人走進頭門用了錢的並無攔阻到了龍門下行主人指道周客人這是相公們進的門了進去兩邊號房門行主人指道這是天字號了你自進去看看周進一進了號見兩塊號板擺的齊齊整整不覺眼睛裡一陣酸酸的長嘆一聲一頭撞在號板上直殭殭不醒人事只因這一死有分教累年蹭蹬忽然際會風雲終歲淒涼竟得高懸月旦未知周進性命如何且聽下回分解

功名富貴四字是此書之大主腦作者不惜千變萬化以寫之起首不寫王侯將相却先寫一夏總甲夫總甲是何功名是何富貴而彼意氣揚揚欣然自得頗有官到尚書吏到都的景象牟尼之所謂三千大千世界莊子所謂朝菌不知晦朔蟪蛄不知春秋也文筆之妙乃至於此

梅三相顧影自憐得意極矣不知天地間又有王大爺在甚矣功名富貴寧有等級耶

場中鬼跳是假夢荀玫同榜乃真夢也偏于假夢說得鑿鑿可據轉以真夢爲不足信活活寫出妄庸子心術性情

周進乃一老腐迂儒觀其胷中只知喫觀音齋念念王舉人的墨卷則此外一無所有可知矣

從喫齋引出做夢又以梅玖之夢掩映王惠之夢文章羅絡勾聯有五花八門之妙

書中並無黄老爹李老爹顧老相公也者據

諸人口中津津言之若實有其人在者然非深于史記筆法者未易辨此

金有餘云人生在世難得的是一碗現成飯此語能令千古英雄豪傑同聲一哭蓋不獨吹簫之大夫垂釣之王孫爲淒涼獨絶人也

到省買賃極尋常之事偏偏遇着修理貢院何其情事逼真乃爾

儒林外史第二回

儒林外史第三回

周學道校士拔真才　胡屠戶行兇鬧捷報

話說周進在省城要看貢院金有餘見他真切只得用幾个小錢同他去看不想纔到天字號就撞死在地下衆人多慌了只道一時中了惡行主人道想是這貢院裏久没有人到陰氣重了故此周客人中了惡金有餘道賢東我扶着他你且去到做工的那裏借口開水來灌他一灌行主人應諾取了水來三四个客人一齊扶

着灌了下去喉嚨裡咯咯的響了一聲吐出一口稠涎來衆人道好了扶着立了起來周進看着號板又是一頭撞將去這回不死了放聲大哭起來衆人勸着不住金有餘道你看這不是瘋了麽好好到貢院來耍你家又不死了人爲爲甚麽這號淘痛也是的周進也不聽見只管伏着號板哭个不住一號哭過又哭到二號三號滿地打滾哭了又哭哭的衆人心裏都悽慘起來金有餘見不是事同行主人一左一右架

着他的膀子他那裏肯起來哭了一陣又是一陣直哭到口裏吐出鮮血來衆人七手八脚將他扛抬了出來貢院前一个茶棚子裏坐下勸他喫了一碗茶猶自索鼻涕彈眼淚傷心不止内中一个客人道周客人有甚心事爲甚到了這裏這等大哭起來却是哭得利害金有餘道列位老客有所不知我這舍舅本來原不是生意人因他苦讀了幾十年的書秀才也不曾做得一个今日看見貢院就不覺傷心起來自因

這一句話道着周進的真心事於是不顧衆人又放聲大哭起來又一个客人道論這事只該怪我們金老客周相公旣是斯文人爲甚麽帶他出來做這樣的事金有餘道也只爲赤貧之士又無館做沒奈何上了這一條路又一个客人道看令舅這个光景畢竟胸中才學是好的因沒有人識得他所以受屈到此田地金有餘道他才學是有的怎奈時運不濟那客人道監生也可以進場周相公旣有才學何不捐他一

今監進場中了也不枉了今日這一番心事金有餘道我也是這般想只是那裏有這一注銀子此時周進哭的住了那客人道這也不難現放着我這幾个弟兄在此每人拿出幾十兩銀子借與周相公納監進場若中了做官那在我們這幾兩銀子就是周相公不還我們走江湖的人那裏不破掉了幾兩銀子何况這是好事你衆位意下如何衆人一齊道君子成人之美又道見義不爲是爲無勇俺們有甚麼不肯只

不知周相公可肯俯就周進道若得如此便是重生父母我周進變驢變馬也要報効爬到地下就磕了幾个頭衆人還下禮去金有餘也稱謝了衆人又吃了幾碗茶周進再不哭了同衆人說說笑笑回到行裏次日四位客人果然備了二百兩銀子交與金有餘一切多的使費都是金有餘包辦周進又謝了衆人和金有餘行主人替周進備一席酒請了衆位金有餘將着銀子上了藩庫討出庫收來正直宗師來省錄

遺周進就錄了个貢監首卷到了八月初八日進頭場見了自巳哭的所在不覺喜出望外自古道人逢喜事精神爽那七篇文字做的花團錦簇一般出了場仍舊住在行裏金有餘同那幾個客人還不曾買完了貨直到放榜那日巍然中了衆人各各歡喜一齊回到汶上縣拜縣父母學師典史那晚生帖子上門來賀汶上縣的人不是親的也來認親不相與的也來認相與忙了个把月申祥甫聽見這事在薛家集斂

了分子買了四隻雞五十个蛋和些炒米歡團之類親自上縣來賀喜周進留他喫了酒飯去荀老爹賀禮是不消說了看看上京會試盤費衣服都是金有餘替他設處到京會試又中了進士殿在三甲授了部屬荏苒三年陞了御史欽點廣東學道這周學道雖也請了幾个看文章的相公都自心裏想道我在這裏面喫苦久了如今自已當權須要把卷子都要細細看過不可聽著幕客屈了真才主意定了到廣州上

了任次日行香掛牌先考了兩場生員第三場是南海番禺兩縣童生周學道坐在堂上見那些童生紛紛進來也有小的也有老的儀表端正的獐頭鼠目的衣冠齊楚的藍縷破爛的落後點進一个童生來面黃飢瘦花白鬍鬚頭上戴一頂破氊帽廣東雖是地氣溫暖這時已是十二月上旬那童生還穿着蔴布直裰凍得乞乞縮縮接了卷子下去歸號周學道看在心裏封門進去出來放頭牌的時節坐在上面只見

那穿蔴布的童生上來交卷那衣服因是朽爛了在號裏又扯破了幾塊周學道看看自己身上緋袍金帶何等煇煌因翻一翻點名册問那童生道你就是范進范進跪下道童生就是學道道你今年多少年紀了范進道童生册上寫的是三十歲童生實年五十四歲學道道你考過多少回數了范進道童生二十歲應考到今考過二十餘次學道道如何總不進學范進道總因童生文字荒謬所以各位大老爺不曾賞

取周學道道這也未必盡然你且出去卷子待本道細細看范進磕頭下去了那時天色尚早並無童生交卷周學道將范進卷子用心用意看了一徧心裏不喜道這樣的文字都說的是些甚麼話怪不得不進學丟過一邊不看了又坐了一會還不見一个人來交卷心裏又想道何不把范進的卷子再看一徧倘有一線之明也可憐他苦志從頭至尾又看了一徧覺得有些意思正要再看看却有一个童生來交卷那

童生跪下道求大老爺面試學道和顏道你的文字已在這裏了又面試些甚麼那童生道童生詩詞歌賦都會求大老爺出題面試學道變了臉道當今天子重文章足下何須講漢唐像你做童生的人只該用心做文章那些雜覽學他做甚麼況且本道奉旨到此衡文難道是來此同你談雜學的麽看你這樣務名而不務實那正務自然荒廢都是些粗心浮氣的說話看不得了左右的趕了出去一聲吩咐過了兩傍

走過幾个如狼似虎的公人把那童生叉着膊子一路跟頭叉到大門外周學道雖然趕他出去却也把卷子取來看看那童生叫做魏好古文字也還清通學道道把他低低的進了學罷因取過筆來在卷子尾上點了一點做个記認又取過范進卷子來看看罷不覺嘆息道這樣文字連我看一兩徧也不能解直到三徧之後纔曉得是天地間之至文真乃一字一珠可見世上糊塗試官不知屈煞了多少英才忙取筆

細細圈點卷面上加了三圈卽填了第一名又把魏好古的卷子取過來填了第二十名將各卷彙齊帶了進去發出案來范進是第一謁見那日着實贊揚了一回點到二十名魏好古上去又勉勵了幾句用心舉業休學雜覽的話鼓吹送了出去次日起馬范進獨自送在三十里之外轎前打恭周學道又叫到跟前說道龍頭屬老成本道看你的文字火候到了卽在此科一定發達我復命之後在京專候范進又磕頭

謝了起來立著學道轎子一擁而去范進立著直望見門鎗影子抹過前山看不見了方纔回到下處謝了房主人他家離城還有四十五里路連夜回來拜見母親家裏住着一間草屋一厦披子門外是个茅草棚正屋是母親住着妻子住在披房裏他妻子乃是集上胡屠戶的女兒范進進學回家母親妻子俱各歡喜正待燒鍋做飯只見他丈人胡屠戶手裏拿着一副大腸和一瓶酒走了進來范進向他作揖坐下胡

屠戶道我自倒運把个女兒嫁與你這現世寶
窮鬼歷年以來不知累了我多少如今不知因
我積了甚麼德帶挈你中了个相公我所以帶
个酒來賀你范進唯唯連聲叫渾家把腸子煮
了盪起酒來在茅草棚下坐着母親自和媳婦
在廚下造飯胡屠戶又吩咐女婿道你如今既
中了相公凡事要立起个體統來比如我這行
事裏都是些正經有臉面的人又是你的長親
你怎敢在我們跟前粧大若是家門口這些做

田的扒糞的不過是平頭百姓你若同他拱手作揖平起平坐這就是壞了學校規矩連我臉上都無光了你是個爛忠厚沒用的人所以這些話我不得不教導你免得惹人笑話范進道岳父見教的是胡屠戶又道親家母也來這裏坐着吃飯老人家每日小菜飯想也難過我女孩兒也喫些自從進了你家門這十幾年不知猪油可曾喫過兩三回哩可憐可憐說罷婆媳兩个都來坐著喫了飯喫到日西時分胡屠戶

吃的醺醺的這里母子兩个千恩萬謝屠戶橫
披了衣服腆着肚子去了次日范進少不得拜
拜鄉隣魏好古又約了一班同案的朋友彼此
來往因是鄉試年做了幾个文會不覺到了六
月盡間這些同案的人約范進去鄉試范進因
沒有盤費走去同丈人商議被胡屠戶一口啐
在臉上罵了一个狗血噴頭道不要失了你的
時了你自已只覺得中了一个相公就癩蝦蟆
想喫起天鵝肉來我聽見人說就是中相公時

也不是你的文章還是宗師看見你老不過意
捨與你的如今痴心就想中起老爺來這些中
老爺的都是天上的文曲星你不看見城裏張
府上那些老爺都有萬貫家私一个个方面大
耳像你這尖嘴猴腮也該撒拋尿自己照照不
三不四就想天鵝屁喫趁早收了這心明年在
我們行事裏替你尋一个館每年尋幾兩銀子
養活你那老不死的老娘和你老婆是正經你
問我借盤纏我一天殺一个猪還賺不得錢把

銀子都把與你去丟在水裏呌我一家老小嗑西北風一頓夾七夾八罵的范進摸門不着辭了丈人回來自心裏想宗師說我火候已到自古無場外的舉人如不進去考他一考如何甘心因向幾个同案商議瞞着丈人到城裏鄉試出了場即便回家家裏已是餓了兩三天被胡屠戶知道又罵了一頓到出榜那日家裏沒有早飯米母親吩咐范進道我有一隻生蛋的母雞你快拿集上去賣了買幾升米來煑餐粥吃

我已是餓的兩眼都看不見了范進慌忙抱了雞走出門去纔去不到兩个時候只聽得一片聲的鑼響三匹馬闖將來那三个人下了馬把馬拴在茅草棚上一片聲叫道快請范老爺出來恭喜高中了母親不知是甚事嚇得躲在屋裏聽見中了方敢伸出頭來說道諸位請坐小兒方纔出去了那些報錄人道原來是老太太大家簇擁着要喜錢正在炒鬧又是幾匹馬二報三報到了擠了一屋的人茅草棚地下都坐

滿了鄰居都來了擠着看老太太沒奈何只得央及一个鄰居去尋他兒子那鄰居飛奔到集上一地裏尋不見直尋到集東頭見范進抱着雞手裏插个草標一步一踱的東張西望在那裏尋人買鄰居道范相公快些回去你恭喜中了舉人報喜人擠了一屋裏范進道是哄他只裝不聽見低着頭往前走鄰居見他不理走上來就要奪他手裏的雞范進道你奪我的雞怎的你又不買鄰居道你中了舉了叫你家去打

發報子哩范進道高鄰你曉得我今日沒有米要賣這雞去救命為甚麼拿這話來混我我又不同你頑你自回去罷莫悮了我賣雞鄰居見他不信劈手把雞奪了摜在地下一把拉了回來報錄人見了道好了新貴人回來了正要擁着他說話范進三兩步走進屋裏來見中間報帖已經升挂起來上寫道捷報貴府老爺范諱進高中廣東鄉試第七名亞元京報連登黃甲范進不看便罷看過一徧又念一徧自己把兩手

拍了一下笑了一聲道噫好了我中了說着往後一交跌倒牙關咬緊不醒人事老太太慌了慌將幾口開水灌了過來他爬將起來又拍着手大笑道噫好我中了笑着不由分說就往門外飛跑把報錄人和鄰居都唬了一跳走出大門不多路一腳踹在塘裏掙起來頭髮都跌散了兩手黃泥淋淋漓漓一身的水衆人拉他不住拍着笑着一直走到集上去了衆人大眼望小眼一齊道原來新貴人歡喜瘋了老太太哭

道怎生這樣苦命的事中了一个甚麼舉人就
得了這个拙病這一瘋了幾時纔得好娘子胡
氏道早上好好出去怎的就得了這樣的病却
是如何是好衆鄰居勸道老太太不要心慌我
們而今且派兩个人跟定了范老爺這裏衆人
家裏拏些雞蛋酒米且管待了報子上的老爹
們再爲商酌當下衆鄰居有拏雞蛋來的有拏
白酒來的也有背了斗米來的也有捉兩隻雞
來的娘子哭哭啼啼在厨下收拾齊了拏在草

棚下鄰居又搬些桌櫈請報錄的坐着喫酒商議他這瘋了如何是好報錄的內中有一个人道在下倒有一个主意不知可以行得行不得衆人問如何主意那人道范老爺平日可有最怕的人他只因歡喜狠了痰湧上來迷了心竅如今只消他怕的這个人來打他一个嘴巴說這報錄的話都是哄你你並不曾中他吃這一唬把痰吐了出來就明白了衆鄰都拍手道這个主意好得緊妙得緊范老爺怕的莫過於肉

案子上胡老爹好了快尋胡老爹來他想是還
不知道在集上賣肉哩又一个人道在集上賣
肉他倒好知道了他從五更鼓就往東頭集上
迎猪還不會回來快些迎着去尋他一个人飛
奔去迎走到半路遇着胡屠戸來後面跟着一
个燒湯的二漢提着七八觔肉四五千錢正來
賀喜進門見了老太太老太太大哭着告訴了
一番胡屠戸詫異道難道這等沒福外邊人一
片聲請胡老爹說話胡屠戸把肉和錢交與女

兒走了出來衆人如此這般同他商議胡屠戶作難道雖然是我女壻如今郄做了老爺就是天上的星宿天上的星宿是打不得的我聽得齋公們說打了天上的星宿閻王就要拏去打一百鐵棍發在十八層地獄永不得翻身我郄是不敢做這樣的事鄰居內一个尖酸人說道罷麼胡老爹你每日殺猪的營生白刀子進去紅刀子出來閻王也不知叫判官在簿子上記了你幾千條鐵棍就是添上這一百棍也打甚

麽要緊只恐把鐵棍子打完了也算不到這筆賬上來或者你救好了女婿的病閻王叙功從地獄裏把你提上第十七層來也不可知報録的人道不要只管講笑話胡老爹這个事須是這般你沒奈何權變一權變屠戶被衆人局不過只得連斟兩碗酒喝了壯一壯膽把方纔這些小心收起將平日的兇惡樣子拏出來捲一捲那油晃晃的衣袖走上集去衆鄰居五六个都跟着走老太太趕出來叫道親家你這可唬

他一唬却不要把他打傷了衆鄰居道這自然何消吩咐說着一直去了來道集上見范進正在一个廟門口站着散著頭髮滿臉汚泥鞋都跑掉了一隻兀自拍著掌口裏吽道中了中了胡屠戶兇神走到跟前說道該死的畜生你中了甚麼一个嘴巴打將去衆人和鄰居見這模樣忍不住的笑不想胡屠戶雖然大着胆子打了一下心裏到底還是怕的那手早顫起來不敢打到第二下范進因這一个嘴巴却也打暈

了昏倒於地衆鄰居一齊上前替他抹胷口搥背心舞了半日漸漸喘息過來眼睛明亮不瘋了衆人扶起借廟門口一个外科郎中跳駝子板櫈上坐着胡屠戶站在一邊不覺那隻手隱隱的疼將起來自已看時把个巴掌仰着再也湾不過來自已心裏懊惱道果然天上文曲星是打不得的而今菩薩計較起來了想一想更疼的狠了連忙問郎中討了个膏藥貼着范進看了衆人說道我怎麼坐在這裏又道我這半

日昏昏沉沉如在夢裏一般衆鄰居道老爺恭喜高中了適纔歡喜的有些引動了痰方纔吐出幾口痰來好了快請回家去打發報錄人范進說道是了我也記得是中的第七名范進一面自綰了頭髮一面問郎中借了一盆水洗洗臉一个鄰居早把那一隻鞋尋了來替他穿上見丈人在跟前恐怕又要來罵胡屠戶上前道賢壻老爺方纔不是我敢大胆是你老太太的主意央我來勸你的鄰居內一个人道胡老爹

方纔這个嘴巴打的親切少頃范老爺洗臉還
要洗下半盆猪油來又一个道老爹你這手明
日殺不得猪了胡屠戶道我那裏還殺猪有我
這賢壻還怕後半世靠不着也怎的我每常說
我的這个賢壻才學又高品貌又好就是城裏
頭那張府周府這些老爺也没有我女壻這樣
一个體面的相貌你們不知道得罪你們說我
小老這一雙眼睛却是認得人的想着先年我
小女在家裏長到三十多歲多少有錢的富戶

要和我結親我自已覺得女兒像有些福氣的畢竟要嫁與个老爺今日果然不錯說罷哈哈大笑衆人都笑起來 看着范進洗了臉郎中又拏茶來喫了一同回家范舉人先走屠戸和鄰居跟在後面屠戸見女壻衣裳後襟滚皺了許多一路低着頭替他扯了幾十回到了家門屠戸高聲叫道老爺回府了老太太迎著出來見兒子不瘋喜從天降衆人問報錄的已是家裏把屠戸送來的幾千錢打發他們去了范進拜

了母親也拜謝丈人胡屠戸再三不安道些須幾个錢不勾你賞人范進又謝了鄰居正待坐下早看見一个體面的管家手裏拏着一个大紅全帖飛跑了進來張老爺來拜新中的范老爺說畢轎子已是到了門口胡屠戸忙躲進女兒房裏不敢出來鄰居各自散了范進迎了出去只見那張鄉紳下了轎進來頭帶紗帽身穿葵花色員領金帶皂靴他是舉人出身做過一任知縣的別號靜齋同范進讓了進來到堂屋

內平磕了頭分賓主坐下張鄉紳先攀談道世先生同在桑梓一向有失親近范進道晚生久仰老先生只是無緣不曾拜會張鄉紳道適纔看見題名錄貴房師高要縣湯公就是先祖的門生我和你是親切的世弟兄范進道晚生徼倖實是有愧却幸得出老先生門下可爲欣喜張鄉紳四面將眼睛望了一望說道世先生果是淸貧隨在跟的家人手裏拏過一封銀子來說道弟却也無以爲敬謹具賀儀五十兩世先

生權且收着這華居其實住不得將來當事拜往俱不甚便弟有空房一所就在東門大街上三進三間雖不軒敞也還乾淨就送與世先生搬到那裏去住早晚也好請教些范進再三推辭張鄉紳急了道你我年誼世好就如至親骨月一般若要如此就是見外了范進方纔把銀子收下作揖謝了又說了一會打躬作別胡屠戶直等他上了轎纔敢走出堂屋來范進卽將這銀子交與渾家打開看一封一封雪白的細

絲錠子卽便包了兩錠叫胡屠戶進來遞與他道方纔費老爹的心拏了五千錢來這六兩多銀子老爹拏了去屠戶把銀子揝在手裏緊緊的把拳頭舒過來道這个你且收著我原是賀你的怎好又拏了回去范進道眼見得我這裏還有這幾兩銀子若用完了再來問老爹討來用屠戶連忙把拳頭縮了回去往腰裏揣口裏說道也罷你而今相與了這个張老爺何愁沒有銀子用他家裏的銀子說起來比皇帝家還

多些哩他家就是我賣肉的主顧一年就是無事肉也要用四五千斤銀子何足爲奇又轉回頭來望着女兒說道我早上拏了錢來你那該死行瘟的兄弟還不肯我說姑老爺今非昔比少不得有人把銀子送上門來給他用只怕姑老爺還不希罕今日果不其然如今拏了銀子家去罵這死砍頭短命的奴才說了一會千恩萬謝低着頭笑迷迷的去了自此以後果然有許多人來奉承他有送田產的有人送店房的

丙登天

還有那些破落戶兩口子來投身爲僕圖蔭庇的到兩三个月范進家奴僕丫鬟都有了錢米是不消說了張鄉紳家又來催着搬家搬到新房子裏唱戲擺酒請客一連三日到第四日上老太太起來喫過點心走到第三進房子內見范進的娘子胡氏家常戴着銀絲䯼髻此時是十月中旬天氣尚暖穿着天青緞套官綠的緞裙督率着家人媳婦丫鬟洗碗盞杯箸老太太看了說道你們嫂嫂姑娘們要仔細些這都是

别人家的東西不要弄壞了家人媳婦道老太太那裏是别人的都是你老人家的老太太笑道我家怎的有這些東西丫鬟和媳婦一齊都說道怎麼不是但這个東西是連我們這些人和這房子都是你老太太家的老太太聽了把細磁碗盞和銀鑲的杯盤逐件看了一徧哈哈大笑道這都是我的了大笑一聲存後便跌倒忽然痰湧上來不醒人事只因這一番有分教會試舉人變作秋風之客多事貢生長爲興

訟之人不知老太太性命如何且聽下回分解
見了號板痛哭至于嘔血乃窮老腐儒受盡畢生辛苦如柳三相王大爺等相遭不知幾輩至此一齊提出心頭其見解不過如此非如阮嗣宗沈初明一流人別有傷心處也
金有餘以及衆客人何其可感也天下極豪俠極義氣的事偏是此輩不讀書不做官的人做得來此是作者微辭亦是世間真事
周進之為人本無足取胷中大概除墨卷之

尒了無所有閱文如此之鈍拙則作文之鈍拙可知空中白描出曉遇之故文筆心細如髮

于閱范進文時卽順手夾出一个魏好古文字始有波折譬如古人作書必求筆筆有致不肯作祘條巴子樣式也

舉業雜覽四个字後文有無限發揮都於此處問閒伏案文筆如千里來龍蜿蜒夭矯

輕輕點出一胡屠戶其人其事之妙一至于

此真令閱者歎賞叫絶余友云慎毋讀儒林外史讀竟乃覺日用酬酢之間無往而非儒林外史此如鑄鼎象物魑魅魍魎毛髮畢現

范進進學大觴餅酒是胡老爹自攜來臨去是披着衣服腆着肚子范進中舉七八斤肉四五千錢是二漢送來臨去是低着頭笑迷迷的前後映帶文章謹嚴之至

胡老爹之言未可厚非其罵范進時正是愛

范進處特其氣質如此是以立言如此耳細
觀之原無甚可惡也
周府張府妙在都從胡老爹口中一一帶出
真有蛛絲馬跡之妙
張靜齋一見面便贈銀贈屋似是一个慷慨
好交遊的人究竟是个極鄙陋不堪的作者
之筆其爲文也如雪因方成珪遇圓成璧又
如水盂圓則圓盂方則方

儒林外史第三回

儒林外史第四回

薦亡齋和尚喫官司　打秋風鄉紳遭橫事

話說老太太見這些傢伙什物都是自已的不覺歡喜痰迷心竅昏絕于地家人媳婦和丫鬟娘子都慌了快請老爺進來范舉人三步作一步走來看時連叫母親不應忙將老太太擡放床上請了醫生來醫生說老太太這病是中了臓不可治了連請了幾个醫生都是如此說范舉人越發慌了夫妻兩个守着哭泣一面製備

後事挨到黄昏時分老太太淹淹一息歸天去了合家忙了一夜次日請將陰陽徐先生來寫了七單老太太是犯三七到期該請僧人追薦大門上掛了白布球新貼的廳聯都用白紙糊了合城紳衿都來弔唁請了同案的魏好古穿着衣巾在前廳陪客胡老爹上不得臺盤只好在厨房裏或女兒房裏幫着量白布秤肉亂竄到得二七過了范舉人念舊拏了幾兩銀子交與胡屠戶託他仍舊到集上庵裏請平日相與

的和尚做攬頭請大寺八衆僧人來念經拜梁皇懺放焰口追薦老太太生天屠戶拿着銀子一直走到集上庵裏滕和尚家恰好大寺裏僧官慧敏也在那裏坐着僧官因有田在左近所以常在這庵裏起坐滕和尚請屠戶坐下言及前日新中的范老爺得病在小庵裏那日貧僧不在家不曾候得多虧門口賣藥的陳先生燒了些茶水替我做個主人胡屠戶道正是我也多謝他的膏藥今日不在這裏滕和尚道今日

不會來又問道范老爺那病隨即就好了却不想又有老太太這一變胡老爹這幾十天想總是在那裏忙不見來集上做生意胡屠戶道可不是麼自從親家母不幸去世合城鄉紳那一个不到他家來就是我主顧張老爺周老爺在那裏司賓大長日子坐着無聊只拉着我說閒話陪着喫酒喫飯見了客來又要打躬作揖累个不了我是个閑散慣了的人不耐煩作這些事欲待躲着些難道是怕小婿怪惹紳衿老爺

們看喬了說道要至親做甚麼呢說罷又如此這般把請僧人做齋的話說了和尚聽了屁滾尿流慌忙燒茶下麵就在胡老爹面前轉託僧官去約僧衆並備香燭幡馬寫法等事胡屠戶喫過麵去僧官接了銀子纔待進城走不到一里多路只聽得後邊一个人叫道慧老爺爲甚麼這些時不到庄上來走走僧官忙回過頭來看時是佃戶何美之何美之道你老人家這些時這等財忙因甚事總不來走走僧官道不是

我也要來只因城裏張大房裏想我屋後那一塊田又不肯出價錢我幾次回斷了他若到莊上來他家那佃戶又走過來嘴嘴舌舌纏个不清我在寺裏他有人來尋我只回他出門去了何美之道這也不妨想不想由他肯不肯由你今日無事且到庄上去坐坐况且老爺前日煮過的那半隻火腿吊在竈上已經走油了做的酒也熟了不如消繳了他罷今日就在莊上歇了去怕怎的和尚被他說的口裏流涎那脚由

不得自已跟着他走到莊上何美之叫渾家煮
了一隻母雞把火腿切了酒舀出來盪着和尚
走熱了坐在天井內把衣服脫了一件敞着懷
腆着个肚子走出黑津津一頭一臉的肥油須
臾整理停當何美之捧出盤子渾家拎着酒放
在桌子上擺下和尚上坐渾家下陪何美之打
橫把酒來斟喫着說起三五日內要往范府替
老太太做齋何美之渾家說道范家老奶奶我
們自小看見他的是个和氣不過的老人家只

有他媳婦兒是莊南頭胡屠戶的女兒一雙紅鑲邊的眼睛一窩子黃頭髮那日在這裏住鞋也沒有一雙夏天靸着个蒲窩子歪腿爛腳的而今弄兩件尸皮子穿起來聽見說做了夫人好不體面你說那裏看人去正熱得興頭聽得外面敲門甚兇何美之道是誰和尚道美之你去看一看何美之纔開了門七八个人一齊擁了進來看見女人和尚一桌子坐着齊說道好快活和尚婦人大青天白日調情好僧官老爺

知法犯法何美之喝道休胡說這是我田主人衆人一頓駡道田主人連你婆子都有主兒了不由分說拿調草繩把和尚精赤條條同婦人一繩綑了將个損子穿心擡着連何美之也帶了來到南海縣前一个關帝廟前戲臺底下和尚同婦人拴做一處候知縣出堂報狀衆人押着何美之出去和尚悄悄叫他報與范府范舉人因母親做佛事和尚被人拴了忍耐不得隨即拿帖子向知縣說了知縣差班頭將和尚解

放女人着交美之領了家去一班光棍帶着明日早堂發落衆人慌了求張鄉紳帖子在知縣處說情知縣准了早堂帶進罵了幾句扯一个淡趕了出去和尚同衆人倒在衙門口用了幾十兩銀子僧官先去范府謝了次日方帶領僧衆來鋪結壇場挂佛像兩邊十殿閻君喫了開經麵打動鐃鈸叮噹念了一卷經擺上早齋來八衆僧人連司賓的魏相公共九位坐了兩席纔喫着長班報有客到魏相公丢了碗出去迎

接進來便是張周兩位鄉紳烏紗帽淺色員領粉底皂靴魏相公陪著一直拱到靈前去了內中一个和尚向僧官道方纔進去的就是張大房裏靜齋老爺他和你是田隣你也該過去問訊一聲纔是僧官道也罷了張家是甚麼有意思的人想起我前日這一番是非那裏是甚麼光棍就是他的佃戶商議定了做鬼做神來弄送我不過要鏺掉我幾兩銀子好把屋後的那一塊田賣與他使心用心反害了自身落後縣

裏老爺要打他莊戶一般也慌了腆着臉拏帖
子去說惹的縣主不喜歡又道他沒脊骨的事
多哩就像周三房裏做過巢縣家的大姑娘是
他的外甥女兒三房裏曾託我說媒我替他講
西鄉里封大戶家好不有錢張家硬主張着許
與方家纔這窮不了的小魏相公因他進个學
又說他會作个甚麼詩詞前日替這裏作了一
个薦亡的疏我拏了給人看說是倒別了三个
字像這都是作孽眼見得二姑娘也要許人家

了又不知攛弄與个甚麼人說着聽見靴底響衆和尚擠擠眼僧官就不言語了兩位鄉紳出來同和尚拱一拱手魏相公送了出去衆和尚喫完了齋洗了臉和手吹打拜懺行香放燈施食散花跑五方整整鬧了三晝夜方纔散了光陰彈指七七之期已過范舉人出門謝了孝一日張靜齋來候問還有話說范舉人叫請在靈前一个小書房裏坐下穿着衰絰出來相見先謝了喪事裏諸凡相助的話張靜齋道老伯母

的大事我們做子姪的理應効勞想老伯母這樣大壽歸天也罷了只是誤了世先生此番會試看來想是祖塋安葬了可會定有日期范舉人道今年山向不利只好來秋舉行但費用尚在不敷張靜齋屈指一算銘旌是用周學臺的銜墓誌託魏朋友將就做一篇却是用誰的名其餘殯儀桌席執事吹打以及雜用飯食破土謝風水之類須三百多銀子正算着捧出飯來喫了張靜齋又道三載居廬自是正理但世先

生爲安葬大事也要到外邊設法使用似乎不必拘拘現今高發之後並不曾到貴老師處一候高要地方肥美或可秋風一二弟意也要去候敝世叔何不相約同行一路上舟車之費弟自當措辦不須世先生費心范舉人道極承老先生厚愛只不知大禮上可行得張靜齋道禮有經亦有權想沒有甚麽行不得處范舉人又謝了張靜齋約定日期雇齊夫馬帶了從人取路往高要縣進發於路上商量說此來一者見

老師二來老太夫人墓誌就要借湯公的官銜名字不一日進了高要城那日知縣下鄉相驗去了二位不好進衙門只得在一个關帝廟裏坐下那廟正修大殿有縣裏工房在內監工工房聽見縣主的相與到了慌忙迎到裏面客位內坐着擺上九个茶盤來工房坐在下席執壺斟茶喫了一回外面走進一个人來方巾濶服粉底皂靴蜜蜂眼高鼻梁落腮鬍子那人一進了門就叫把茶盤子撤了然後與二位敘禮坐

下動問那一位是張老先生那一位是范老先
生二人各自道了姓名那人道賤姓嚴舍下就
在咫尺去歲宗師案臨倖叨歲薦與我這湯父
母是極好的相與二位老先生想都是年家故
舊二位各道了年誼師生嚴貢生不勝欽敬工
房告過失陪那邊去了嚴家家人掇了一个食
盒來又提了一瓶酒桌上放下揭開盒蓋九个
盤子都是雞鴨糟魚火腿之類嚴貢生請二位
老先生上席斟酒奉過來說道本該請二位老

先生降臨寒舍一來蝸居恐怕褻尊二來就要
進衙門去恐怕關防有礙故此備个粗碟就在
此處談談休嫌輕慢二位接了酒道尚未奉謁
倒先取擾嚴貢生道不敢不敢立着要候乾一
杯二位恐怕臉紅不敢多用喫了半杯放下嚴
貢生道湯父母爲人廉靜慈祥眞乃一縣之福
張靜齋道是敝世叔也還有些善政麼嚴貢生
道老先生人生萬事都是个緣法眞个勉強不
來的湯父母到任的那日敝處闔縣紳衿公搭

了一个綵棚在十里牌迎接弟址在綵棚門口須臾鑼句旗句傘句扇句吹手句夜役句一隊一隊都過去了轎子將近遠遠望見老父母兩朶高眉毛一个大鼻梁方面大耳我心裏就曉得是一位豈弟君子却又出奇幾十人在那裏同接句老父母轎子裏兩隻眼只看着小弟一个人那時有个朋友同小弟並址着他把眼望一望老父母句又把眼望一望小弟句悄悄問我先年可曾認得這位父母小弟從實說不曾

認得他就癡心只道父母看的是他忙搶上幾步意思要老父母問他甚麽不想老父母下了轎同衆人打躬倒把眼望了別處纔曉得從前不是看他把他羞的要不的次日小弟到衙門去謁見老父母方纔下學回來諸事忙作一團却連忙丟了叫請小弟進去換了兩遍茶就像相與過幾十年的一般張鄉紳道總因你先生爲人有品望所以敝世叔相敬近來自然時時請教嚴貢生道後來倒也不常進去實不相瞞

小弟只是一個爲人率真在鄉里之間從不曉得占人寸絲半粟的便宜所以歷來的父母官都蒙相愛湯父母容易不大喜會客却也凡事心照就如前月縣考把二小兒取在第十名叫了進去細細問他從的先生是那個又問他可曾定過親事着實關切范舉人道我這老師看文章是法眼既然賞鑒令郎一定是英才可賀嚴貢生道豈敢豈敢又道我這高要是廣東出名縣分一歲之中錢糧耗羨花布牛驢漁船田

小厮可恶先漏
东相

房稅不下萬金又自擊手在桌上畫着低聲說道像湯父母這個做法不過八千金前任潘父母做的時節實有萬金他還有些枝葉還用着我們幾個要緊的人說着恐怕有人聽見把頭別轉來望着門外一個蓬頭赤足的小使走了進來望着他道老爺家裏請你回去嚴貢生道回去做甚麼小廝道早上關的那口猪那人來討了在家裏吵哩嚴貢生道他要猪拿錢來小廝道他說猪是他的嚴貢生道我知道了你先

去罷我就來那小廝又不肯去張范二位道既然府上有事老先生竟請回罷嚴貢生道二位老先生有所不知這口猪原是舍下的纔說得一句聽見鑼響一齊立起身來說道回衙了二位整一整衣帽叫管家拏着帖子向貢生謝了擾一直來到宅門口投進帖子去知縣湯奉接了帖子一個寫世姪張師陸一個寫門生范進自心裏沉吟道張世兄屢次來打秋風甚是可厭但這回同我新中的門生來見不好回他吩

咐快請兩人進來先是靜齋見過范進上來敘師生之禮湯知縣再三謙讓奉坐吃茶同靜齋敘了些闊別的話又把范進的文章稱贊了一番問道因何不去會試范進方纔說道先母見背遵制丁憂湯知縣大驚忙叫換去了吉服拱進後堂擺上酒來席上燕窩雞鴨此外就是廣東出的柔魚苦瓜也做兩碗知縣安了席坐下用的都是銀鑲杯箸范進退前縮後的不舉杯箸知縣不解其故靜齋笑道世先生因尊制想

是不用這個杯箸知縣忙叫換去換了一個磁杯一雙象箸來范進又不肯舉靜齋道這個箸也不用隨即換了一雙白顏色竹子的來方纔罷了知縣疑惑他居喪如此盡禮倘或不用葷酒却是不曾備辦落後看見他在燕窩碗裏揀了一個大蝦元子送在嘴裏方纔放心因說道却是得罪的緊我這敝教酒席沒有甚麼喫得只這幾樣小菜權且用個便飯敝教只是個牛羊肉又恐貴教老爺們不用所以不敢上席現

今奉旨禁宰耕牛上司行來牌票甚緊衙門裏都也莫得喫掌上燭來將牌拿出來看著一個貼身的小斷在知縣耳跟前悄悄說了幾句話知縣起身向二位道外邊有個書辦回話弟去一去就來去了一時只聽得吩咐道且放在那裏回來又入席坐下說了失陪向張靜齋道張世兄你是做過官的這件事正該商之于你就是斷牛肉的話方纔有幾個教親共備了五十斤牛肉請出一位老師夫來求我說是要斷盡

了他們就沒有飯喫求我畧鬆寬些叫做瞞上不瞞下送五十斤牛肉在這裏與我却是受得受不得張靜齋道老世叔這話斷斷使不得的了你我做官的人只知有皇上那知有教親想起洪武年間劉老先生湯知縣道那個劉老先生靜齋道諱基的了他是洪武三年開科的進士天下有道三句中的第五名范進揷口道想是第三名靜齋道是第五名那墨卷是弟讀過的後來入了翰林洪武私行到他家就如雪夜

襄

訪普的一般恰好江南張王送了他一罈小菜當面打開看都是些瓜子金洪武聖上惱了說道他以爲天下事都靠着你們書生到第二日把劉老先生貶爲青田縣知縣又用毒藥擺死了這個如何了得知縣見他說的口若懸河又是本朝確切典故不由得不信問道這事如何處置張靜齋道依小姪愚見世叔就在這事上出個大名今晚叫他伺候明日早堂將這老師夫拿進來打他幾十個板子取一面大枷枷了

把牛肉堆在枷上出一張告示在傍申明他大
胆之處上司訪知見世叔一絲不苟陞遷就在
指日知縣點頭道十分有理當下席終留二位
在書房住了次日早堂頭一起帶進來是一個
偷鷄的積賊知縣怒道你這奴才在我手裏犯
過幾次總不改業打也不怕今日如何是好因
取過硃筆來在他臉上寫了偷雞賊三個字取
一面枷枷了把他偷的雞頭向後尾向前綑在
他頭上枷了出去纔出得縣門那雞屁股裏喇

喇的一聲痾出一抛稀屎來從額顱上淌到鼻子上鬍子沾成一片滴到枷上兩邊看的人多笑第二起叫將老師夫上來大駡一頓大胆狗奴重責三十板取一面大枷把那五十斤牛肉都堆在枷上臉和頸子箍的緊緊的只剩得兩個眼睛在縣前示衆天氣又熱枷到第二日牛肉生蛆第三日嗚呼死了衆回子心裏不伏一時聚衆數百人鳴鑼罷市鬧到縣前來說道我們就是不該送牛肉來也不該有死罪這都是

南海縣的光棍張師陸的主意我們鬧進衙門去揪他出來一頓打死㧗出一個人來償命不因這一鬧有分教貢生興訟潛踪來省城鄉紳結親謁貴竟遊京國未知衆回子吵鬧如何且聽下回分解

此篇是文字過峽故序事之筆最多就其序事而觀之其中起伏照應前後映帶便有無數作文之法在牽爾操觚輕心掉之者夢不到此也

和尚到莊上吃酒乃是行所無事佃戶一齊打進實出意料之外當其美之斟酒渾家打橫踦幾遍潑褻矣及觀何美之渾家口中數語只不過氣不分范大太何其用筆之雅直將功名富貴四字寫入愚婦人胷中吾不知作者之錦心繡口椐何等也

齋堂中魏相公陪客衆和尚搗鬼輕輕又帶出周二姑娘做親針線之妙難以極言

關帝廟中小飲一席話畫工所不能盡化工

庶幾能之開端數語尤其奇絕閱者試掩卷細想脫令自己操觚可能寫出開端數語否人讀杜詩江漢思歸客再三思之不得下語及觀乾坤一腐儒始叫絕也

纔說不占人寸絲半粟便宜家中已經關了人一日豬令閱者不繁言而已解使拙筆爲之必且曰看官聽說原來嚴貢生爲人是何等樣文字便索然無味矣

上席不用銀鑲杯箸一段是作者極力寫出

蓋天下莫可惡于忠孝廉節之大端不講而苟索于末節小數舉世爲之而莫有非之且效尤者比比然也故作者不以莊語責之而以譏語詠之

張靜齋勸堆牛肉一段偏偏說出劉老先生一則故事席間賓主三人侃侃而談毫無愧怍閱者不問而知此三人爲極不通之品此是作者繪風繪水手段所謂直書其事不加斷語其是非自見也

儒林外史第五回

王秀才議立偏房　嚴監生疾終正寢

話說衆回子因湯知縣枷死了老師夫鬧將起來將縣衙門圍的水泄不通口口聲聲只要揪出張靜齋來打死知縣大驚細細在衙門裏追問纔曉得是門子透風知縣道我至不濟到底是一縣之主他敢怎的我設或鬧了進來看見張世兄就有些開交不得了如今須是設法先把張世兄弄出去離了這个地方上纔好忙喚

了幾个心腹的衙役進來商議幸得衙門後身緊靠着北城幾个衙役先溜到城外用繩子把張范二位繫了出去換了藍布衣服草帽草鞋尋一條小路忙忙如喪家之狗急急如漏網之魚連夜找路回省城去了這裡學師典史俱出來安民說了許多好話衆回子漸漸的散了湯知縣把這情由細細寫了个稟帖稟知按察司按察司行文書檄了知縣去湯奉見了按察司摘去紗帽只管磕頭按察司道論起來這件事

你湯老爺也忒孟浪了些不過枷責就罷了何必將牛肉堆在枷上這个成何刑法但此刁風也不可長我這裏少不得拿幾个爲頭的來盡法處置你且回衙門去辦事凡事須要斟酌些不可任性湯知縣又磕頭說道這事是卑職不是蒙大老爺保全眞乃天地父母之恩此後知過必改但大老爺審斷明白了這幾个爲頭的人還求大老爺發下卑縣發落賞卑職一个臉面按察司也應承了知縣叩謝出來回到高要

過了些時果然把五个爲頭的回子問成奸民挾制官府依律枷責發來本縣發落知縣看了來文挂出牌去次日早晨大摇大擺出堂將回子發落了正要退堂見兩个人進來喊寃知縣叫帶上來問一个叫做王小二是貢生嚴大位的緊鄰去年三月內嚴貢生家一口纔過下來的小猪走到他家去他慌送回嚴家嚴家說猪到人家再尋回來最不利市押着出了八錢銀子把小猪就賣與他這一口猪在王家已養到

一百多斤不想錯走到嚴家去嚴家把猪關了
小二的哥子王大走到嚴家討猪嚴貢生說猪
本來是他的你要討猪照時值估價拏幾兩銀
子來領了猪去王大是个窮人那有銀子就同
嚴家爭吵了幾句被嚴貢生幾个兒子拏拴門
的閂趕麵的杖打了一个臭死腿都打折了睡
在家裡所以小二來喊寃知縣喝過一邊帶那
一个上來問道你叫做甚麼名字那人是个五
六十歲的老者禀道小人叫做黃夢統在鄉下

住因去年九月上縣來交錢糧一時短少央中向嚴鄉紳借二十兩銀子每月三分錢寫立借約送在嚴府小的却不曾拏他的銀子走上街來遇着个鄉裏的親眷說他有幾兩銀子借與小的交个幾分數再下鄉去設法勸小的不要借嚴家的銀子小的交完錢糧就同親戚回家去了至今已是大半年想起這事來問嚴府取回借約嚴鄉紳問小的要這幾个月的利錢小的說並不曾借本何得有利嚴鄉紳說小的當

時拏回借約好讓他把銀子借與別人生利因不曾取約他將二十兩銀子也不能動誤了大半年的利錢該是小的出小的自認不是向中人說情願買个蹄酒上門取約嚴鄉紳執意不肯把小的的驢和米同稍袋都叫人短了家去還不發出紙來這樣含寃負屈的事求太老爺做主知縣聽了說道一个做貢生的人忝列衣冠不在鄉里間做些好事只管如此騙人其實可惡便將兩張狀子都批准原告在外伺候早

有人把這話報知嚴貢生嚴貢生慌了自心裏想這兩件事都是實的倘若審斷起來體面上須不好看三十六計走爲上計捲捲行李一溜烟走急到省城去了知縣准了狀子發房出了差來到嚴家嚴貢生已是不在家了只得去會嚴二老官二老官叫做嚴大育字致和他哥字致中兩人是同胞弟兄都在兩个宅裏住這嚴致和是个監生家有十多萬銀子嚴致和見差人來說了此事他是个胆小有錢的人見哥子

又不在家不敢輕慢隨即留差人喫了酒飯拏兩千錢打發去了忙着小厮去請兩位舅爺來商議他兩个阿舅姓王一个叫王德是府學廩膳生員一个叫王仁是縣學廩膳生員都做着極興頭的館錚錚有名聽見妹丈請一齊走來嚴致和把這件事從頭告訴一遍現今出了差票在此怎樣料理王仁笑道你令兄平日常說同湯公相與的怎的這一點事就唬走了嚴致和道這話也說不盡了只是家兄而今兩脚站

開差人却在我這裏吵鬧要人我怎能丟了家裏的事出外去尋他他也不肯回來王仁道各家門戶這事究竟也不與你相干王德道你有所不知衙門裏的差人因妹丈有碗飯吃他們做事只揀有頭髮的抓若說不管他就更要的人緊了如今有个道理是釜底抽薪之法只消央个人去把告狀的安撫住了衆人遞个攔詞便歇了諒這也沒有多大的事王仁道不必又去央人就是我們愚兄弟兩个去尋了王小二

黃夢統到家替他分說開把豬也還與王家再折些須銀子給他養那打壞了的腿黃家那借約查了還他一天的事都沒有了嚴致和道老舅怕不說的是只是我家嫂也是个糊塗人幾个舍姪就像生狼一般一總也不聽教訓他怎肯把這豬和借約拏出來王德道妹丈這話也說不得了假如你令嫂令姪拗着你認晦氣再拏出幾兩銀子折个豬價給了王姓的黃家的借約我們中間人立个紙筆與他說尋出作廢

紙無用這事纔得落臺纔得个耳跟清靜當下商議已定一切辦的停妥嚴二老官連在衙門使費共用去了十幾兩銀子官司已了過了幾日整治一席酒請二位舅爺來致謝兩个秀才拏班做勢在館裏又不肯來嚴致和吩咐小厮去說奶奶這些時心裏有些不好今日一者請喫酒二者奶奶要同舅爺們談談二位聽見這話方纔來嚴致和即迎進廳上吃過茶叫小厮進去說了丫鬟出來請二位舅爺進到房內擡

頭看見他妹子王氏面黃肌瘦怯生生的路也走不全還在那裏自己裝瓜子剝栗子辦圍碟見他哥哥進來丢了過來拜見奶媽抱着妾出的小兒子年方三歲帶着銀項圈穿着紅衣服來叫舅舅二位吃了茶一个了鬟來說趙新娘進來拜舅爺二位連忙道不勞罷坐下說了些家常話又問妹子的病總是虛弱該多用補藥說罷前廳擺下酒席讓了出去上席叙些閑話又題起嚴致中的話來王仁笑著問王德道大

哥我到不解他家大老那宗筆下怎得會補起
廪來的王德道這是三十年前的話那時宗師
都是御史出來本是个吏員出身知道甚麼文
章王仁道老大而今越發離奇了我們至親一
年中也要請他幾次却從不曾見他家一杯酒
想起還是前年出貢豎旗杆在他家擾過一席
王德愁著眉道那時我不曾去他爲出了一个
貢拉人出賀禮把總甲地方都派分子縣裏狗
腿差是不消說弄了有一二百吊錢還欠下厨

子錢屠戶肉案子上的錢至今也不肯還過兩个月在家吵一回成甚麼模樣嚴致和道便是我也不好說不瞞二位老舅像我家還有幾畝薄田日逐夫妻四口在家裏度日猪肉也捨不得買一觔每常小兒子要喫時在熟切店內買四个錢的哄他就是了家兄寸土也無人口又多過不得三天一買就是五觔還要白煮的稀爛上頓吃完了下頓又在門口賒魚當初分家也是一樣田地白白都喫窮了而今端了家裏

花梨椅子悄悄開了後門換肉心包子與你說這事如何是好二位哈哈大笑笑罷說只管講這些混話誤了我們喫酒快取骰盆來當下取骰子送與大舅爺我們行狀元令兩位舅爺一个人行一个狀元令每人中一回狀元喫一大杯兩位就中了幾回狀元喫了幾十杯却又古怪那骰子竟像知人事的嚴監生一回狀元也不曾中二位拍手大笑喫到四更盡鼓跌跌撞撞扶了回去自此以後王氏的病漸漸重將起

來每日四五个醫生用藥都是人參附子並不見效看看卧床不起生兒子的妾在傍侍奉湯藥極其殷勤看他病勢不好夜晚時抱了孩子在牀脚頭坐着哭泣哭了幾回那一夜道我而今只求菩薩把我帶了去保佑大娘好了罷王氏道你又癡了各人的壽數那个是替得的趙氏道不是這樣說我死了值得甚麽大娘若有些長短他爺少不得又娶个大娘他爺四十多歲只得這點骨血再娶个大娘來各養的各疼

自古說晚娘的拳頭雲裏的日頭這孩子料想不能長大我也是个死數不如早些替了大娘去還保得這孩子一命王氏聽了也不答應趙氏含著眼淚日逐煨藥煨粥寸步不離一晚趙氏出去了一會不見進來王氏問丫鬟道趙家的那去了丫鬟道新娘每夜擺个香桌在天井裏哭求天地他仍要替奶奶保佑奶奶就好今夜看見奶奶病重所以早些出去拜求王氏聽了似信不信次日晚間趙氏又哭着講這些話

王氏道何不向你爺說明白我若死了就把你扶正做个塡房趙氏忙叫請爺進來把奶奶的話說了嚴致和聽不得這一聲連三說道既然如此明日清早就要請二位舅爺說定此事纔有憑據王氏搖手道這个也隨你們怎樣做去嚴致和就叫人極早去請了舅爺來看了藥方商議再請名醫說罷讓進房內坐着嚴致和把王氏如此這般意思說了又道老舅可親自問聲令妹兩人走到牀前王氏已是不能言語了

把手指着孩子點了一點頭兩位舅爺看了把
臉本喪着不則一聲須臾讓到書房裏用飯彼
此不提這話喫罷又請到一間密屋裏嚴致和
說起王氏病重吊下淚來道你令妹自到舍下
二十年眞是弟的內助如今丟了我怎生是好
前日還向我說岳父岳母的墳也要修理他自
已積的一點東西留與二位老舅做個遺念因
把小廝都叫出去開了一張厨拏出兩封銀子
來每位一百兩遞與二位老舅休嫌輕意二位

雙手來接嚴致和又道却是不可多心將來要
備祭桌破費錢財都是我這裏備齋請老舅來
行禮明日還拏轎子接兩位舅奶奶來令妹還
有些首飾留爲遺念交畢仍舊出來坐着外邊
有人來候嚴致和去陪客去了回來見二位舅
爺哭得眼紅紅的王仁道方纔同家兄在這裏
說舍妹真是女中丈夫可謂王門有幸方纔這
一番話恐怕老妹丈胸中也沒有這樣道理還
要恍恍忽忽疑惑不清枉爲男子王德道你不

知道你這一位姑夫人關係你家三代舍妹殁了你若另娶一人磨害死了我的外甥老伯老伯母在天不安就是先父母也不安了王仁拍着桌子道我們念書的人全在綱常上做工夫就是做文章代孔子說話也不過是這个理你若不依我們就不上門了嚴致和道恐怕寒族多話兩位道有我兩人做主但這事須要大做妹丈你再出幾兩銀子明日只做我兩人出的備十幾席將三黨親都請到了趁舍妹眼見你

兩口子同拜天地祖宗立爲正室誰人再敢放屁嚴致和又拏出五十兩銀子來交與二位義形于色去了過了三日王德王仁果然到嚴家來寫了幾十幅帖子遍請諸親六眷擇个吉期親眷都到齊了只有隔壁大老爹家五个親姪子一个也不到衆人吃過早飯先到王氏床面前寫立王氏遺囑兩位舅爺王於據王於依都畫了字嚴監生戴着方巾穿著青衫披了紅紬趙氏穿着大紅戴了赤金冠子兩人雙拜了天

地又拜了祖宗王於依廣有才學又替他做了一篇告祖先的文甚是懇切告過祖宗轉了下來兩位舅爺叫丫鬟在房裏請出兩位舅奶奶來夫妻四个齊鋪鋪請妹夫妹妹轉在大邊磕下頭去以叙姊妹之禮衆親眷都分了大小便是管事的管家家人媳婦丫鬟使女黑壓壓的幾十个人都來磕了主人主母的頭趙氏又獨自走進房內拜王氏做姐姐那時王氏已發昏去了行禮已畢大廳二廳書房內堂屋官客並

堂客共攏了二十多桌酒席喫到三更時分嚴監生正在大廳陪着客奶媽慌忙走了出來說道奶奶斷了氣了嚴監生哭着走了進去只見趙氏扶着牀沿一頭撞去已經哭死了衆人且扶着趙氏灌開水撬開牙齒灌了下去灌醒了時披頭撒髮滿地打滾哭的天昏地暗連嚴監生也無可柰何管家都在廳上堂客都在堂屋候殮只有兩个舅奶奶在房裏乘着人亂將些衣服金珠首飾一擄精空連趙氏方纔戴的赤

金冠子滾在地下也拾起來藏在懷裏嚴監生慌忙叫奶媽抱起哥子來拏一搭蔴替他披着那時衣衾棺槨都是現成的入過了殮天才亮了靈柩停在第二層中堂內衆人進來參了靈各自散了次日送孝布每家兩个第三日成服趙氏定要披蔴戴孝兩位舅爺斷然不肯道名不正則言不順你此刻是姊妹了妹子替姐姐只帶一年孝穿細布孝衫用白布孝箍議禮已定報出喪去自此修齋理七開喪出殯用了四

五千兩銀子鬧了半年不必細說趙氏感激兩位舅爺入於骨髓田上收了新米每家兩石醃冬菜每家也是兩石火腿每家四隻雞鴨小菜不算不覺到了除夕嚴監生拜過了天地祖宗收拾一席家宴嚴監生同趙氏對坐奶媽帶着哥子坐在底下喫了幾杯酒嚴監生吊下淚來指着一張櫥裏向趙氏說道昨日典舖內送來三百兩利錢是你王氏姐姐的私房每年臘月二十七八日送來我就交與他我也不管他在

那裏用今年又送這銀子來可憐就沒人接了
趙氏道你也莫要說大娘的銀子沒用處我是
看見的想起一年到頭逢時遇節庵裏師姑送
盒子賣花婆換珠翠彈三弦琵琶的女瞎子不
離門那一个不受他的恩惠況他又心慈見那
些窮親戚自已喫不成也要把人喫穿不成的
也要把人穿這些銀子彀做甚麼再有些也完
了到是兩位舅爺從來不沾他分毫依我的意
思這銀子也不費用掉了到開年替奶奶大大

的做幾回好事剩來的銀子料想也不多明年是科舉年就是送與兩位舅爺做盤程也是該的嚴監生聽著他說桌子底下一个猫就扒在他腿上嚴監生一靴頭子踢開了那猫唬的跑到裏房內去跑上牀頭只聽得一聲大響牀頭上掉下一个東西來把地板上的酒罈子都打碎了拏燭去看原來那瘟猫把牀頂上的板跳蹋一塊上面吊下一个大篾簍子來近前看時只見一地黑棗子拌在酒裏篾簍橫睚著兩个

人才扳過來棗子底下一封一封桑皮紙包著打開看時共五百兩銀子嚴監生嘆道我說他的銀子那里就肯用完了像這都是歷年聚積的恐怕我有急事好拏出來用的而今他往那里去了一回哭著叫人掃了地把那个乾棗子裝了一盤同趙氏放在靈前桌上伏著靈牀子又哭了一場因此新年不出去拜節在家哽哽咽咽不時哭泣精神顛倒恍惚不寧過了燈節後就叫心口疼痛初時撐着每晚算賬直算到

三更鼓後來就漸漸飲食不進骨瘦如柴又捨不得銀子吃人參趙氏勸他道你心裏不自在這家務事就丟開了罷他說道我兒子又小你呼我託那个我在一日少不得料理一日不想春氣漸深肝木尅了脾土每日只吃兩碗米湯臥床不起及到天氣和暖又強勉進些飲食掙起來家前屋後走走挨過長夏立秋以後病又重了睡在床上想着田上要收早稻打發了管莊的僕人下鄉去又不放心心裏只是急躁那

一日早上吃過藥聽着蕭蕭落葉打的牕子響自覺得心裏虛怯長嘆了一口氣把臉朝牀裏面睡下趙氏從房外同兩位舅爺進來問病就辭別了到省城裏鄉試去嚴監生叫了鬟扶起來強勉坐着王德王仁道好幾日不曾看妹丈原來又瘦了些喜得精神還好嚴監生請他坐下說了些恭喜的話留在房裏吃點心就講到除夕晚裏這一番話叫趙氏拏出幾封銀子來指着趙氏說道這到是他的意思說姐姐留下

來的一點東西送與二位老舅添着做恭喜的
盤費我這病勢沉重將來二位同府不知可會
的着了我死之後二位老舅照顧你外甥長大
教他讀讀書掙着進个學免得像我一生終日
受大房裏的氣二位接了銀子每位懷裏帶着
兩封謝了又謝又說了許多的安慰的話作别
去了自此嚴監生的病一日重似一日再不回
頭諸親六眷都來問候五个姪子穿梭的過來
陪郎中弄藥到中秋已後醫家都不下藥了把

管莊的家人都從鄉裏叫了上來病重得一連三天不能說話晚間擠了一屋的人桌上點着一盞燈嚴監生喉嚨裏痰響得一進一出一聲不倒一聲的總不得斷氣還把手從被單裏拏出來伸着兩個指頭大姪子走上前來問道二叔你莫不是還有兩个親人不曾見面他就把頭搖了兩三搖二姪子走上前來問道二叔莫不是還有兩筆銀子在那裏不曾吩咐明白他把兩眼睜的的溜圓把頭又狠狠搖了幾搖越

發指得緊了奶媽抱着哥子插口道老爺想是
因兩位舅爺不在跟前故此記念他聽了這話
把眼閉着摇頭那手只是指着不動趙氏慌忙
揩揩眼淚走近上前道爺别人都說的不相干
只有我曉得你的意思只因這一句話有分教
爭田奪產又從骨月起戈矛繼嗣延宗齊向官
司進詞訟不知趙氏說出甚麽話來且聽下回
分解
此篇是從功名富貴四个字中偶然拈出一

个富字以描寫鄙夫小人之情狀看財奴之吝嗇葷飯秀才之巧黠一一畫出毛髮皆動即令龍門執筆爲之恐亦不能遠過乎此

嚴大老官之爲人都從二老官口中寫出其舉家好喫絶少家教漫無成算色色寫到恰與二老官之爲人相反然而大老官騙了一世的人說了一生的謊頗可消遣未見其有一日之艱難困苦二老官空擁十數萬家貲時時憂貧日日怕事並不見其受用一天此

造化之微權不知作者從何窺破乃能漏洩
天機也
趙氏謀扶正之一席想與二老官圖之久矣
在牀脚頭哭泣數語雖鐵石人不能不爲之
打動而王氏之心頭口頭若老大不以爲然
者然文筆如螘能穿九曲之珠也
王氏兄弟是一樣性情心術細觀之覺王仁
之才又過乎王德所謂識時務者呼爲俊傑
也未見遺念時本丧著臉不則一聲既見遺

念時兩眼便哭的紅紅的因時制宜毫髮不爽想此輩必自以爲才情可以駕馭一切習慣成自然了不爲愧怍矣除夕家宴忽然被猫跳翻篓雙掉出銀子來因而追念逝者漸次成病此亦柴米夫妻同甘共苦之眞情覺中庭取冷遺掛猶存未如此之可傷可感也

文章妙處眞是在語言文字之外

儒林外史第五回

儒林外史第六回

鄉紳發病鬧船家　寡婦含冤控大伯

話說嚴監生臨死之時伸著兩个指頭總不肯斷氣幾个姪兒和些家人都來訌亂著問有說爲兩个人的有說爲兩件事的有說爲兩處田地的紛紛不一只管搖頭不是趙氏分開衆人走上前道爺只有我能知道你的心事你是爲那燈盞裏點的是兩莖燈草不放心恐費了油我如今挑掉一莖就是了說罷忙走去挑掉一

莖衆人看嚴監生時點一點頭把手垂下登時就沒了氣合家大口號哭起來準備入斂將靈柩停在第三層中堂內次早著幾个家人小斯滿城去報喪族長嚴振先領着合族一班人來吊孝都留着吃酒飯領了孝布回去趙氏有个兄弟趙老二在米店裏做生意姪子趙老漢在銀匠店扯銀鑪這時也公備个祭禮來上門僧道掛起長旛念經追薦趙氏領着小兒子早晚在柩前舉哀夥計僕從了鬟養娘人人挂孝門

门一片都是白看看閙過頭七王德王仁科舉
回來了齊來弔孝留着過了一日去又過了三
四日嚴大老官也從省裏科舉了回來幾个兒
子都在這邊喪堂裏大老爹卸了行李正和渾
家坐著打點拏水來洗臉早見二房裏一个奶
媽領著一个小厮手裏捧著端盒和一个毡包
走進來道二奶奶頂上大老爹知道大老爹來
家了熱孝在身不好過來拜見這兩套衣服和
這銀子是二爺臨終時說下的送與大老爹做

个遺念就請大老爹過去嚴貢生打開看了簇新的兩套緞子衣服齊臻臻的二百兩銀子滿心歡喜隨向渾家封了八分銀子賞封遞與奶媽說道上覆二奶奶多謝我即刻就過來打發奶媽和小廝去了將衣裳和銀子收好又細問渾家知道和兒子們都得了他些别敬這是单留與大老官的問畢換了孝巾繫了一條白布的腰絰走過那邊來到柩前叫聲老二乾號了幾聲下了兩拜趙氏穿着重孝出來拜謝又叫

兒子磕伯伯的頭哭著說道我們苦命他爺半路裏丟了去了全靠大爺替我們做主嚴貢生道二奶奶人生各稟的壽數我老二已是歸天去了你現今有恁个好兒子慢慢的帶著他過活焦怎的趙氏又謝了請在書房擺飯請兩位舅爺來陪須臾舅爺到了作揖坐下王德道令弟平日身體壯盛怎麼忽然一病就不能起我們至親的也不曾當面別一別甚是慘然嚴貢生道豈但二位親翁就是我們弟兄一場臨危

也不得見一面但自古道公而忘私國而忘家
我們科場是朝廷大典你我爲朝廷辦事就是
不顧私親也還覺得于心無愧王德道大先生
在省將有大半年了嚴貢生道正是因前任學
臺周老師舉了弟的優行又替弟考出了貢他
有个本家在這省裏住是做過應天巢縣的所
以到省去會會他不想一見如故就留著住了
幾个月又要同我結親再三把他第二个令愛
許與二小兒了王仁道在省就住在他家的麽

嚴貢生道住在張靜齋家他也是做過縣令是湯父母的世姪因在湯父母衙門裏同席喫酒認得相與起來周親家家就是靜齋先生執柯作伐王仁道可是那年同一位姓范的孝廉同來的嚴貢生道正是王仁遞个眼色與乃兄道大哥可記得就是惹出回子那一番事來的了王德冷笑了一聲一會擺上酒來喫着又談王德道今歲湯父母不曾入簾王仁道大哥你不知道麼因湯父母前次入簾都取中了些陳猫

古老鼠的文章不入時目所以這次不曾來聘今科十幾位簾官都是少年進士專取有才氣的文章嚴貢生道這到不然才氣也須是有法則假若不照題位亂寫些熱鬧話難道也算有才氣不成就如我這周老師極是法眼取在一等前列都是有法則的老手今科少不得還在這幾个人內中嚴貢生說此話因他弟兄兩个在周宗師手裏都考的是二等兩人聽這話心裏明白不講考校的事了酒席將闌又談到前

司這一場官事湯父母著實動怒多虧令弟看
的破息下來了嚴貢生道這是亡弟不濟若是
我在家和湯父母說了把王小二黃夢統這兩
个奴才腿也砍折了一个鄉紳人家由得百姓
如此放肆王仁道凡事這是厚道些好嚴貢生
把臉紅了一陣又彼此勸了幾杯酒奶媽抱著
哥子出來道奶奶叫問大老爹二爺幾時開喪
又不知今年山向可利祖塋裡可以葬得還是
要尋地費大老爹的心同二位舅爺商議嚴貢

生道你向奶奶說我在家不多時躭閣就要同二相公到省裏去周府招親你爺的事託在二位舅爺就是祖塋葬不得要另尋地等我回來斟酌說罷叨了擾起身過去二位也散了過了幾日大老爺果然帶著第二个兒子往省裏去了趙氏在家掌管家務眞過是錢過北斗米爛成倉僮僕成羣牛馬成行享服度日不想皇天無眼不祐善人那小孩子出起天花來發了一天熱醫生來看說是个險症藥裏用了犀角黃

連人牙不能灌漿把趙氏急的到處求神許愿
都是無益到七日上把个白白胖胖的孩子跑
掉了趙氏此番的哭泣不但比不得哭大娘並
且比不得哭二爺直哭得眼淚都哭不出來整
整的哭了三日三夜打發孩子出去叫家人請
了兩位舅爺來商量要立大房裡第五个姪子
承嗣二位舅爺躊躇道這件事我們做不得主
況且大先生又不在家兒子是他的須是要他
自已情愿我們如何硬做主趙氏道哥哥你妹

夫有這幾兩銀子的家私如今把个正經主兒去了這些家人小厮都沒个投奔這立嗣的事是緩不得的知道他伯伯幾時回來間壁第五个姪子纔十一二歲立過來還怕我不會疼熱他教導他他伯娘聽見這个話恨不得雙手送過來就是他伯伯回來也沒得說你做舅舅的人怎的做不得主王德道也罷我們過去替他說一說罷王仁道大哥這是那裏話宗嗣大事我們外姓如何做得主如今姑奶奶若是急的

很只好我弟兄兩人公寫一字他這裏叫一个家人連夜到省裏請了大先生回來商議王德道這話最好料想大先生回來也沒得說王仁搖著頭笑道大哥這話也且再看但是不得不如此做趙氏聽了這話摸頭不著只得依著言語寫了一封字遣家人來富連夜赴省接大老爹來富來到省城問著大老爹的下處在高底街到了寓處門口只見四个戴紅黑帽子的手裏拏著鞭子站在門口唬了一跳不敢進去站

了一會看見跟大老爹的四斗子出來纔吽他領了他進去看見廠廳上中間擺著一乘彩轎彩轎傍邊豎著一把遮陽遮陽上帖著即補縣正堂四斗子進去請了大老爹出來頭戴紗帽身穿圓領補服腳下粉底皂靴來富上前磕了頭遞上書信大老爹接著看了道我知道了我家二相公恭喜你且在這裏伺候來富下來到廚房裏看見廚子在那裏辦席新人房在樓上張見擺的紅紅綠綠的來富不敢上去直到日

頭平西不見一个吹手來二相公戴着新方巾
披着紅簪着花前前後後走著著急問吹手怎
的不來大老爹在廳上嚷成一片聲叫四斗子
快傳吹打的四斗子道今日是个好日子八錢
銀子一班叫吹手還叫不動老爹給了他二錢
四分低銀子又還扣了他二分戥頭又叫張府
裏押著他來他不知今日應承了幾家他這个
時候怎得來大老爹發怒道放狗屁快替我去
來遲了連你一頓嘴巴四斗子骨都著嘴一路

絮聒了出去說道從早上到此刻一碗飯也不給人喫偏生有這些臭排場說罷去了直到上燈時候連四斗子也不見回來擡新人的轎夫和那些戴紅黑帽子的又催的狠廳上的客說道也不必等吹手吉時已到且去迎親罷將掌扇掮起來四个戴紅黑帽子的開道來富跟著轎一直來到周家那周家廳甚大雖然點著幾盞燈燭天井裏却是不亮這裏又沒有个吹打的只得四个戴紅黑帽子的一遞一聲在黑

天井裏喝道喝个不了來富看見不好意思叫他不要喝了周家裏面有人吩咐道拜上嚴老爺有吹打的就發轎沒吹打的不發轎正吵鬧著四斗子領了兩个吹手趕來一个吹簫一个打鼓在廳上滴滴打打的總不成个腔調兩邊聽的人笑个不住周家鬧了一會沒柰何只得把新人轎發來了新人進門不必細說過了十朝叫來富同四斗子去寫了兩隻高要船那船家就是高要縣的人兩隻大船銀十二兩立契

到高要付銀一隻裝的新郎新娘一隻嚴貢生自坐擇了吉日辭別親家借了一副巢縣正堂的金字牌一副肅靜迴避的白粉牌四根門鎗插在船上又叫了一班吹手開鑼掌傘吹打上船船家十分畏懼小心伏侍一路無話那日將到了高要縣不過二三十里路了嚴貢生坐在船上忽然一時頭暈上來兩眼昏花口裏作惡心噦出許多清痰來來富同四斗子一邊一个架著膊子只是要跌嚴貢生口裏叫道不好不

好叫四斗子快丟了去燒起一壺開水來四斗子把他放了睡下一聲不倒一聲的哼四斗子慌忙同船家燒了開水拏進艙來嚴貢生將鑰匙開了箱子取出一方雲片糕來約有十多片一片一片剝着喫了幾片將肚子揉着放了兩个大屁登時好了剩下幾片雲片糕閣在後鷁尸板上半日也不來查點那掌舵駕長害饞癆左手扶着舵右手拈來一片片的送在嘴裏了嚴貢生只作不看見少刻船攏了馬頭嚴貢生

叫來富著速叫他兩乘轎子來擺齊執事將二相公同新娘先送了家裏去又叫些馬頭上人來把箱籠都搬了上岸把自已的行李也搬上了岸船家水手都來討喜錢嚴貢生轉身走進艙來眼張失落的四面看了一遭問四斗子道我的藥往那裏去了四斗子道何曾有甚藥嚴貢生道方纔我喫的不是藥分明放在船板上的那掌舵的道想是剛纔船板上幾片雲片糕那是老爺剩下不要的小的大胆就吃了嚴貢

生道喫了好賤的雲片糕你曉的我這裏頭是些甚麼東西掌柁的道雲片糕無過是些瓜仁核桃洋糖粉麪做成的了有甚麼東西嚴貢生發怒道放你的狗屁我因素日有个暈病費了幾百兩銀子合了這一料藥是省裏張老爺在上黨做官帶了來的人參周老爺在四川做官帶了來的黄連你這奴才猪八戒喫人參果全不知滋味說的好容易是雲片糕方纔這幾片不要說值幾十兩銀子半夜裏不見了鎗頭子

懷到賊肚裏只是我將來再發了暈病却拏甚麽藥來醫你這奴才害我不淺叫四斗子開拜匣寫帖子送這奴才到湯老爺衙裏去先打他幾十板子再講掌舵的唬了陪著笑臉道小的剛纔喫的甜甜的不知道是藥只說是雲片糕嚴貢生道還說是雲片糕再說雲片糕先打你幾个嘴巴說著已把帖子寫了遞給四斗子四斗子慌忙走上岸去那些搬行李的人帮船家擱著兩隻船上船家都慌了一齊道嚴老爺而

今是他不是不該錯喫了嚴老爺的藥但他是
个窮人就是連船都賣了也不能賠老爺這幾
十兩銀子若是送到縣裏他那裏就得住如今
只是求嚴老爺開恩高擡貴手恕過他罷嚴貢
生越發惱得暴躁如雷搬行李的腳子走過幾
个到船上來道這事原是你船上人不是方纔
若不如是著緊的問嚴老爺要喜錢酒錢嚴老
爺已經上轎去了都是你們攔住那嚴老爺纔
查到這个藥如今白知理虧還不過來向嚴老

爺跟前磕頭討饒難道你們不賠嚴老爺的藥
嚴老爺還有些貼與你不成衆人一齊揼著掌
桄的磕了幾个頭嚴貢生轉灣道既然你衆人
說我又喜事怒忽且放著這奴才再和他慢慢
算賬不怕他飛上天去罵畢揚長上了轎行李
和小厮跟著一鬨去了船家眼睜睜看著他走
去了嚴貢生回家忙領了兒子和媳婦拜家堂
又忙的請奶奶來一同受拜他渾家正在房裏
擡東擡西鬧得亂哄哄的嚴貢生走來道你忙

甚麼他渾家道你難道不知道家裏房子窄隘
齷的統共祇得這一間上房媳婦新新的又是
大家子姑娘你不挪與他住嚴貢生道呸我早
已打算定了要你瞎忙二房裏高房大廈的不
好住他渾家道他有房子爲甚的與你的兒子
住嚴貢生道他二房無子不要立嗣的渾家道
道不成他要繼我們第五个哩嚴貢生道這都
由他麼他算是个甚麼東西我替二房立嗣與
他甚麼相干他渾家聽了這話正摸不着頭腦

只見趙氏着人來說二奶奶聽見大老爺回家叫請大老爺說話我們二位舅老爺也在那邊嚴貢生便走過來見了王德王仁之乎也者了一頓便叫過幾个管事家人來吩咐將正宅打掃出來明日二相公同二娘來住趙氏聽得還認他把第二个兒子來過繼便請舅爺說道哥哥大爺方纔怎樣說媳婦過來自然在後一層我照常住在前面纔好早晚照顧怎倒叫我搬到那邊去媳婦住著正屋婆婆倒住著廂房天

地世間也沒有這个道理王仁道你且不要慌隨他說著自然有个商議說罷走出去了彼此談了兩句淡話又喫了一杯茶王家小厮走來說同學朋友候著作文會二位作别去了嚴貢生送了回來拉一把椅子坐下將十幾个管事的家人都叫了來吩咐道我家二相公明日過來承繼了是你們的新主人須要小心伺候趙新娘是沒有兒女的二相公只認得他是父妾他也沒有還占著正屋的吩咐你們媳婦子把

羣屋打埽兩間替他搬過東西去騰出正屋來
好讓二相公歇宿彼此也要避个嫌疑二相公
稱呼他新娘他叫二相公二娘是二爺二奶奶
再過幾日二娘來了是趙新娘先過來拜見然
後二相公過去作揖我們鄉紳人家這些大禮
都是差錯不得的你們各人管的田房利息賬
目都連夜攢造淸完先送與我逐細看過好交
與二相公查點比不得二老爹在日小老婆當
家憑著你們這些奴才朦朧作弊此後若有一

點欺隱我把你這些奴才三十板一个還要送
到湯老爺衙門裏追工本飯米哩衆人應諾下
去大老爹過那邊去了這些家人媳婦領了大
老爹的言語來催趙氏搬房被趙氏一頓臭罵
又不敢就搬平日嫌趙氏裝尊作威作福這時
偏要領了一班人來房裏說大老爹吩咐的話
我們怎敢違拗他到底是个正經主子他若認
真動了氣我們怎樣了得趙氏號天大哭哭了
又罵罵了又哭足足鬧了一夜次日一乘轎子

趲到縣門口正值湯知縣坐早堂就喊了寃知縣叫補進詞來次日發出仰族親處覆趙氏備了幾席酒請來家裏族長嚴振先乃城中十二都的鄉約平日最怕的是嚴大老官今雖坐在這裏只說道我雖是族長但這事以親房爲主老爺批處我也只好拏這話回老爺那兩位舅爺王德王仁坐著就像泥塑木雕的一般總不置一个可否那開米店的趙老二扯銀鑪的趙老漢本來上不得臺盤纔要開口說話被嚴貢

生睜開眼睛喝了一聲又不敢言語了兩个人自心裏也裁劃道姑奶奶平日只敬重的王家哥兒兩个把我們不偢不倸我們沒來由今日爲他得罪嚴老大老虎頭上撲蒼蠅怎的落得做好好先生把个趙氏在屏風後急得像熱鍋上螞蟻一般見衆人都不說話自己隔著屏風請教大爺數說這些從前已往的話數了又哭哭了又數搥胸跌脚號做一片嚴貢生聽著不耐煩道像這潑婦眞是小家子出身我們鄉紳

人家那有這樣規矩不要惱犯了我的性子揪著頭髮臭打一頓登時叫媒人來領出發嫁趙氏越發哭喊起來喊的半天雲裏都聽見要奔出來揪他撕他是幾个家人媳婦勸住了衆人見不是事也把嚴貢生扯了回去當下各自散了次日商議寫覆呈王德王仁說身在黌宮片紙不入公門不肯列名嚴振先只得混賬覆了幾句話說趙氏本是妾扶正也是有的據嚴貢生說與律例不合不肯叫兒子認做母親也是

有的總候太老爺天斷那湯知縣也是妾生的兒子見了覆呈道律設大法理順人情這貢生也忒多事了就批了个極長的批語說趙氏既扶過正不應只管說是妾如嚴貢生不願將兒子承繼聽趙氏自行揀擇立賢立愛可也嚴貢生看了這批那頭上的火直冒了有十幾丈隨即寫呈到府裏去告府尊也是有妾的看着覺得多事仰高要縣查案知縣查上案去批了个如詳繳嚴貢生更急了到省赴按察司一狀司

批細故赴府縣控理嚴貢生沒法了回不得頭想道周學道是親家一族趕到京裏求了周學道在部裏告下狀來務必要正名分只因這一去有分教多年名宿今番又掇高科英俊少年一舉便登上第不知嚴貢生告狀得准否且聽下回分解

此篇是放筆寫嚴老大官之可惡然行文有次第有先後如原泉盈科放乎四海雖支分派别而脉絡分明非猶俗筆稗官凡寫一可

惡之人便欲打欲罵欲殺欲割惟恐人不惡之而究竟所記之事皆在情理之外並不能行之於當世者此古人所謂畫鬼怪易畫人物難世間惟最平實而爲萬目所共見者爲最難得其神似也

省中鄉試回來看見兩套衣服二百兩銀子滿心歡喜一口一聲稱呼二奶奶蓋此時大老意中之所求不過如此既已心滿志得又何求乎以此寫輓近之人情乃刻棘刻楮乎

段如謂此時大老胸中已算定要白占二奶奶家產不惟世上無此事亦無此情要知嚴老大不過一混賬人耳豈必便是毒蛇猛獸耶

老嚴筆下必定乾枯二王筆下必定雜亂三人同席談論時針鋒相對句句不放過眞是好看殺

嚴老大一生所說之話大槩皆謊也然其中亦有一二句是眞的就如靜齋作伐之說雖

不可信周家結親之事則眞雖有船上發房
一事則至今無有人能辨其眞僞者至於雲
片糕之非藥則不獨駕長知之脚子知之四
斗子知之即閱者亦知之也何也以其中斷
斷不得有人參黃連也
趙氏自以爲得托於二王平生之泰山也孰
知一到認眞時毫未靠不得天下惟此等人
最多而此等人又自以爲奸巧得計故余之
惡王於依更甚于惡嚴老大

嚴老大一生離離奇奇却頗有名士風味時時刻刻說他是个鄉紳究竟歲貢生能有多大時時刻刻說他相與湯父母究竟湯公並不認得他似此一副老面皮也虧他磨練得出

許多可笑可厭的事如叫吹手擺紅黑帽帖即補縣正堂等件却從四斗子口中以吳拆場三字結之文筆眞有通身筋節

儒林外史第六回

儒林外史第七回

范學道視學報師恩　王員外立朝敦友誼

話說嚴貢生因立嗣興訟府縣都告輸了司裏又不理只得飛奔到京想冒認周學臺的親戚到部裏告狀一直來到京師周學道已陞做國子監司業了大著胆竟寫一个眷姻晚生的帖門上去投長班傳進帖周司業心裏疑惑並沒有這个親戚正在沈吟長班又送進一个手本光頭名字沒有稱呼上面寫著范進周司業知

道是廣東拔取的如今中了來京會試便叫快請進來范進進來口稱恩師叩謝不已周司業雙手扶起讓他坐下開口就問賢契同鄉有个甚麽姓嚴的貢生麽他方纔拏姻家帖子來拜學生長班問他說是廣東人學生却不曾有這門親戚范進道方纔門人見過他是高要縣人同敝處周老先生是親戚只不知老師可是一家周司業道雖是同姓却不曾序過這等看起來不相干了即傳長班進來吩咐道你去向那

嚴貢生說衙門有公事不便請見尊帖也帶了回去罷長班應諾回去了周司業然後與范舉人話舊適學生前科看廣東榜知道賢契高發滿望來京相晤不想何以遲至今科范進把丁母憂的事說了一遍周司業不勝嘆息說道賢契績學有素雖然耽遲幾年這次南宮一定入選况學生已把你的大名常在當道大老面前薦揚人人都欲致之門下你只在寓靜坐揣摩精熟若有些須缺少費用學生這裏還可相幫

范進道門生終身皆頂戴老師高厚栽培又說了許多話留著喫了飯相別去了會試已畢范進果然中了進士授職部屬考選御史數年之後欽點山東學道命下之日范學道即來叩見周司業周司業道山東雖是我故鄉我却也沒有甚事相煩只心裏記得訓蒙的時候鄉下有个學生叫做荀玫那時纔得七歲這又過了十多年想也長成人了他是个務農的人家不知可讀得成書若是還在應考賢契留意看看果

有一線之明推情拔了他也了我一番心願范進聽了專記在心去往山東到任考事行了大半年纔按臨兗州府生童共是三棚就把這件事忘斷了直到第二日要發童生案頭一晚纔想起來說道你看我辦的是甚麼事老師託我汶上縣荀玫我怎麼並不照應大意極了慌忙先在生員等第卷子內一查全然沒有隨即在各幕客房裡把童生落卷取來對著名字坐號一个一个的細查查徧了六百多卷子並不見

有个荀玫的卷子學道心裏煩悶道難道他不曾考又慮著若是有在裏面我查不到將來怎樣見老師還要細查就是明日不出案也罷一會同幕客們喫酒心裏只將這件事委决不下衆幕賓也替疑猜不定內中一个少年幕客蘧景玉說道老先生這件事倒合了一件故事數年前有一位老先生點了四川學差在何景明先生寓處喫酒景明先生醉後大聲道四川如蘇軾的文章是該考六等的了這位老先生記

在心裏到後典了三年學差回來再會見何老先生說學生在四川三年到處細查並不見蘇軾來考想是臨場規避了說罷將袖子掩了口笑又道不知這荀玫是貴老師怎麽樣向老先生說的范學道是个老實人也不曉得他說的是笑話只愁著眉道蘇軾旣文章不好查不著也罷了這荀玫是老師要提拔的人查不著不好意思的一个年老的幕客牛布衣道是汶上縣何不在已取中入學的十幾卷內查一查或

著文字好前日已取了也不可知學道道有理有理忙把已取的十幾卷取了對一對號簿頭一卷就是荀玫學道看罷不覺喜逐顏開一天愁都沒有了文早發出案來傳齊生童發落先是生員一等二等三等都發落過了傳進四等來汶上縣學四等第一名上來是梅玖跪著閱過卷學道作色道做秀才的人文章是本業怎麼荒謬到這樣地步平日不守本分多事可知本該考居極等姑且從寬取過戒飭來照例責

罰梅玖告道生員那一日有病故此文字糊塗
求大老爺格外開恩學道道朝廷功令本道也
做不得主左右將他扯上櫈去照例責罰說著
學裏面一个門斗已將他拖在櫈上梅玖急了
哀告道大老爺看生員的先生面上開恩罷學
道道你先生是那一个梅玖道現任國子監司
業周蕡軒先生諱進的便是生員的業師范學
道道你原來是我周老師的門生也罷權且免
打門斗把他放起來上來跪下學道吩咐道你

既出周老師門下更該用心讀書像你做出這樣文章豈不有玷門牆桃李此後須要洗心改過本道來科考時訪知你若再如此斷不能恕了喝聲趕將出去傳進新進儒童來到汶上縣頭一名點著荀玫人叢裏一个清秀少年上來接卷學道問道你知方纔這梅玖是同門麼荀玫不懂這句話答應不出來學道又道你可是周貴軒老師的門生荀玫道這是童生開蒙的師父學道道是了本道也在周老師門下因出

京之時老師吩咐來查你卷子不想暗中摸索你已經取在第一似這少年才俊不枉了老師一番栽培此後用心讀書頗可上進荀玫跪下謝了候衆人閱過卷鼓吹送了出去學道退堂掩門荀玫纔走出來恰好遇著梅玖還站在轅門外荀玫忍不住問道梅先生你幾時從過我們周先生讀書梅玖道你後生家那裏知道想著我從先生時你還不曾出世先生那日在城裏教書教的都是縣門口房科家的館後來下

鄉來你們上學我已是進過了所以你不曉得先生最喜歡我的說是我的文章有才氣就是有些不合規矩方纔學臺批我的卷子上也是這話可見會看文章的都是這个講究一絲也不得差你可知道學臺何難把俺考在三等中間只是不得發落不能見面了特地把我考在這名次以便當堂發落說出周先生的話明賣个情所以把你進个案首也是爲此俺們做文章的人凡事要看出入的細心不可忽畧過了

兩人說著閒話到了下處次日送過宗師催牲
口一同回汶上縣薛家集此時荀老爹已經沒
了只有母親在堂荀玫拜見母親母親歡喜道
自你爹去世年歲不好家裏田地漸漸也花費
了而今得你進个學將來可以教書過日子申
祥甫也老了拄著拐杖來賀喜就同梅三相商
議集上約會分子替荀玫賀學奏了二三十吊
錢荀家管待衆人就借這觀音庵裏擺酒那日
早晨梅玖荀玫先到和尚接著兩人先拜了佛

同和尚施禮和尚道恭喜荀小相公而今掙了這一頂頭巾不枉了荀老爹一生忠厚做多少佛面上的事廣積陰功那咱你在這裏上學時還小哩頭上扎著抓角兒又指與二位道這裏不是周大老爺的長生牌二人看時一張供桌香爐燭臺供著个金字牌位上寫道賜進士出身廣東提學御史今陞國子監司業周大老爺長生祿位左邊一行小字寫著公諱進字蕡軒邑人右邊一位小字薛家集里人觀音庵僧人

同供奉兩人見是老師的位恭恭敬敬同拜了幾拜又同和尚走到後邊屋裏周先生當年設帳的所在見兩扇門開著臨了水次那對過河灘塌了幾尺這邊長出些來看那三間屋用蘆蓆隔著而今不做學堂了左邊一間住著一个江西先生門上貼著江右陳和甫仙乩神數那江西先生不在家房門關著只有堂屋中間牆上還是周先生寫的聯對紅紙都久已貼白了上面十个字是正身以俟時守己而律物梅玖

指著向和尚道還是周大老爺的親筆你不該貼在這裏拏些水噴了揭下來糨一糨收著纔是和尚應諾連忙用了揭下弄了一會申祥甫領著眾人到齊了喫了一日酒纔散荀家把這幾十吊錢贖了幾票當買了幾石米剩下的留與荀玫做鄉試盤費次年錄科又取了第一果然英雄出于少年到省試高高中了忙到布政司衙門裏領了杯盤衣帽旗匾盤程忽忽進京會試又中了第三名進士明朝的體統舉人報

中了進士即刻在下處擺起公座來陞座長班
叅堂磕頭這日正磕著頭外邊傳呼接帖說同
年同鄉王老爺來拜荀進士叫長班擡開公座
自己迎了出去只見王惠鬚髮皓白走進門一
把拉著手說道年長兄我同你是天作之合不
比尋常同年弟兄兩人平磕了頭坐著就說起
昔年這一夢可見你我都是天榜有名將來同
寅協恭多少事業都要同做荀玫自小也依稀
記得聽見過這句話只是記不清了今日聽他

說來方纔明白因說道小弟年幼叨幸年老先
生榜末又是同鄉諸事全望指教王進士道這
下處是年長兄自己賃的荀進士道正是王進
士道這甚窄況且離朝綱又遠這里住著不便
不瞞年長兄說弟還有一碗飯吃京裏房子也
是我自己買的年長兄竟搬到我那裏去住將
來殿試一切事都便宜些說罷又坐了一會去
了次日竟叫人來把荀進士的行李搬在江米
巷自己下處同住傳臚那日荀玫殿在二甲王

惠殿在三甲都授了工部主事俸滿一齊轉了員外一日兩位正在寓處閒坐只見長班傳進一个紅全帖來上寫晚生陳禮頓首拜全帖裏面夾著一个單帖上寫著江西南昌縣陳禮字和甫素善乩仙神數曾在汝上縣薛家集觀音庵內行道王員外道長兄這人你認得麼荀員外道是有這个人他請仙判的最妙何不喚他進來請仙問問功名的事忙吽請只見那陳和甫走了進來頭戴瓦楞帽身穿繭紬直裰腰繫

綵縧花白鬍鬚約有五十多歲光景見了二位躬身唱諾說請二位老先生台座好讓山人拜見二人再三謙讓同他行了禮讓他首位坐下荀員外道向日道兄在敝鄉觀音庵時弟却無緣不曾會見陳禮躬身道那日晚生曉得老先生到庵因前三日純陽老祖師降壇乩上寫著這日午時三刻有一位貴人來到那時老先生尚不曾高發天機不可洩漏所以晚生就預先迴避了王員外道道兄請仙之法是何人傳授

還是耑請純陽祖師還是各位仙人都可啟請陳禮道各位仙人都可請就是帝王師相聖賢豪傑都可啟請不瞞二位老先生說晚生數十年以來並不在江湖上行道總在王爺府裏和諸部院大老爺衙門交往切記先帝宏治十三年晚生在工部大堂劉大老爺家扶乩劉大老爺因李夢陽老爺叅張國舅的事下獄請仙問其吉凶那知乩上就降下周公老祖來批了七日來復四个大字到七日上李老爺果然奉旨

出獄只罰了三个月的俸後來李老爺又約晚生去扶乩那乩半日也不得動後來忽然大動起來寫了一首詩後來兩句說道夢到江南省宗廟不知誰是舊京人那些看的老爺都不知道是誰只有李老爺懂得詩詞連忙焚了香伏在地下敬問是那一位君王那乩又如飛的寫了幾个字道朕乃建文皇帝是也衆位都嚇的跪在地下朝拜了所以晚生說是帝王聖賢都是請得來的王員外道道兄如此高明不知我

們終身官爵的事可斷得出來陳禮道怎麼斷不出來凡人富貴窮通貧賤壽天都從乩上判下來無不奇驗兩位見他說得熱鬧便道我兩人要請教問一問陞遷的事那陳禮道老爺請焚起香來二位道且慢候吃過便飯當下留著喫了飯叫長班到他下處把沙盤乩筆都取了來擺下陳禮道二位老爺自己跪祝二位祝罷將乩筆安好陳禮又自己拜了燒了一道降壇的符便請二位老爺兩邊扶著乩筆又念了一

過咒語燒了一道啟請的符只見那乩漸漸動
起來了那陳禮叫長班斟了一杯茶雙手捧着
跪獻上去那乩筆先畫了幾个圈子便不動了
陳禮又焚了一道符叫衆人都息靜長班家人
站在外邊去了又過了一頓飯時那乩扶得動
了寫出四个大字王公聽判王員外慌忙丟了
乩筆下來拜了四拜問道不知大仙尊姓大名
問罷又去扶乩那乩旋轉如飛寫下一行道吾
乃伏魔大帝關聖帝君是也陳禮嚇得在下面

磕頭如搗蒜說道今日二位老爺心誠請得夫
子降壇這是輕易不得的事總是二位老爺大
福須要十分誠敬若有些須怠慢山人就擔戴
不起二位也覺悚然毛髮皆豎丟著乩筆下來
又拜了四拜再上去扶陳禮道且住沙盤小恐
怕夫子指示言語多寫不下且拏一副紙筆來
待山人在傍記下同看于是拏了一副紙筆遞
與陳禮在傍鈔寫兩位仍舊扶著那乩運筆如
飛寫道羨爾功名夏后一枝高折鮮紅大江烟

滾杳無蹤兩日黃堂坐擁只道驊騮開道原來。天府夔龍琴瑟琵琶路上逢一盞醇醪心痛寫畢又判出五个大字調寄西江月三个人都不解其意王員外道只有頭一句明白功名夏后是夏后氏五十而貢我恰是五十歲登科的這句驗了此下的話全然不解陳禮道夫子是從不誤人的老爺收着後日必有神驗況這詩上說天府夔龍想是老爺歷任直到宰相之職王員外被他說破也覺得心裏歡喜說罷荀員外下來拜了求夫子判斷那乩筆半日不動求的急了運筆判下一个服字陳禮把沙攤平了求判又判了一个服字一連平了三回沙判了三个服字再不動了陳禮道想是夫子龍駕已經回天不可再褻瀆了又焚了一道退送的符將乩筆香爐沙盤撤去重新坐下二位官府封了五錢銀子又寫了一封薦書薦在那新陞通政司范大人家陳山人拜謝去了到晚長班進來說荀老爺家有人到只見荀家家人挂著一身

的孝飛跑進來磕了頭跪著稟道家裏老太太已于前月二十一日歸天荀員外聽了這話哭倒在地王員外扶了半日救醒轉來就要到堂上遞呈丁憂王員外道年長兄這事且再商議現今考選科道在即你我的資格都是有指望的若是報明了丁憂家去再遲三年如何了得不如且將這事瞞下候考選過了再處荀員外道年老先生極是相愛之意但這件事恐瞞不下王員外道快吩咐來的家人把孝服作速換

了這事不許通知外面人知道明早我自有道理一宿無話次日清早請了吏部掌案的金東崖來商議金東崖道做官的人匿喪的事是行不得的只可說是能員要留部在任守制這个不妨但須是大人們保舉我們無從用力若是發來部議我自然效勞是不消說了兩位重託了金東崖去到晚荀員外自換了青衣小帽悄悄去求周司業范通政兩位老師求个保舉兩位都說可以酌量而行又過了兩三日都回復

了來說官小與奪情之例不合這奪情須是宰輔或九卿班上的官倒是外官在邊疆重地的亦可若工部員外是个閒曹不便保舉奪情荀員外只得遞呈丁憂王員外道年長兄你此番喪葬需費你又是个寒士如何支持得來況我看見你不喜理這煩劇的事怎生是好如今也罷我也告一个假同你回去喪葬之費數百金也在我家裏替你應用這事纔好荀員外道我是該的了為何因我又誤了年老先生的考選

王員外道考選還在明年你要等除服所以擔誤我這告假多則半年少只三个月還趕的着當下荀員外拗不過只得聽他告了假一同來家替太夫人治喪一連開了七日弔司道府縣都來弔紙此時哄動薛家集百十里路外的人男男女女都來看荀老爺家的喪事集上申詳甫已是死了他兒子申文卿襲了丈人夏總甲的缺拏手本來磕頭看門効力整正鬧了兩个月喪事已畢王員外共借了上千兩的銀子與

荀家作辭回京荀員外送出境外謝了又謝王員外一路無話到京纔開了假早見長班領著一个報錄的入進來叩喜不因這一報有分教

貞臣良佐忽爲悖逆之人郡守部曹竟作逋逃之客

未知所報王員外是何喜事且聽下回分解

此篇文字分爲三段第一段是梅三相考四等令閱者快然浮一大白然三相旣考四等之後口若懸河刮刮而談仍是老友口聲氣

息恬不爲恥世上固不少此老面皮之人吾想梅三相與嚴大老官是一類人物假使三相出了歲貢必時時自稱爲鄉紳與知縣爲密邇至交大老官考了四等必仍然自詡爲老友說學臺爲有意賣情也

陳和甫請仙爲第二段寫山人便活畫出山人的口聲氣息荒荒唐唐似眞似假稱謂離奇滿口嚼舌最可笑是關帝亦能作西江月詞略有識見者必不肯信而王苟二公乃至

悚然毛髮皆豎寫無識見的人便能寫出其人之骨髓也

蘧員外報丁憂是第三段嗚呼天下豈有報丁憂而可以且再商議者乎妙在謀之於部書而部書另自有法謀之於老師而老師酌量而行迨至萬無法想然後只得遞呈當其時舉世不以爲非而標目方且以敦友誼三字許王員外然則作者亦胷懷貿貿竟不知此輩之不容於聖王之世乎曰奚而不知也

此正古人所謂直書其事不加論斷而是非立見者也

閱薛家集一段文字不禁廢書而嘆曰嗟乎寒士伏首授書窮年矻矻名姓不登于賢書足跡不出於里巷揶揄而訕笑之者比比皆是一旦奮翼青雲置身通顯故鄉之人雖有尸而祝之者而彼不聞不見也夫竭一生之精力以求功名富貴及身入其中而世情嶮巇宦海風波方且刻無寧晷香山詩云賓客

歡娛童僕飽始知官宦爲他人究竟何爲也哉

儒林外史第七

儒林外史第八回

王觀察窮途逢世好　婁公子故里遇貧交

話說王員外纔到京開假早見長班領報錄人進來叩喜王員外問是何喜事報錄人叩過頭呈上報單上寫道江撫王一本爲要地須才事南昌知府員缺此乃沿江重地須才能幹濟之員特本請旨於部屬内揀選一員奉旨南昌府知府員缺著工部員外王惠補授欽此王員外賞了報喜人酒飯謝恩過整理行裝去江西到

任非止一日到了江西省城南昌府前任蘧太守浙江嘉興府人由進士出身年老告病已經出了衙門印務是通判署著王太守到任陞了公座各屬都稟見過了便是蘧太守來拜王惠也回拜過了為這交盤的事彼此參差著王太守不肯就接一日蘧太守差人來稟說太爺年老多病耳朶聽話又不甚明白交盤的事本該自己來領王太爺的教因是如此明日打發少爺過來當面想懇一切事都要仗托王太爺擔

代王惠應諾了衙裏整治酒飯候蘧公子直到早飯過後一乘小轎一副紅全帖上寫眷晚生蘧景玉拜王太守開了宅門叫請少爺進來王太守看那蘧公子翩然俊雅舉動不羣彼此施了禮讓位坐下王太守道前晤尊翁大人幸瞻丰采今日卻聞得略有些貴恙蘧公子道家君年老常患肺病不耐勞煩兼之兩耳重聽多承老先生記念王太守道不敢老世臺今年多少尊庚了蘧公子道晚生三十七歲王太守道一

向總隨尊大人任所的蘧公子道家君做縣令時晚生尚幼相隨做門伯范老先生在山東督學幕中讀書也帮他看看卷子直到陞任南昌署內無人辦事這數年總在這裏的王太守道尊大人精神正旺何以就這般急流勇退了蘧公子道家君常說宦海風波實難久戀況做秀才的時候原有幾畝薄產可供饘粥先人敝廬可蔽風雨就是琴罇罏几藥欄花榭都也還有幾處可以消遣所以在風塵勞攘的時候每懷

長林豐草之思而今却可賦遂初了王太守道自古道休官莫問子看老世臺這等襟懷高曠尊大人所以得暢然掛冠笑著說道將來不日高科鼎甲老先生正好做封翁享福了蘧公子道老先生人生賢不肖到也不在科名晚生只願家君早歸田里得以菽水承歡這是人生至樂之事王太守道如此更加可敬了說著換了三徧茶寬去大衣服坐下說到交代一事王太守著實作難蘧公子道老先生不必過費清心

家君在此數年布衣蔬食不過仍舊是儒生行徑歷年所積俸餘約有二千餘金如此地倉穀馬匹雜項之類有甚麼缺少不敷處悉將此項送與老先生任意塡補家君知道老先生數任京官宦囊清苦决不有累王太守見他說得大方爽快滿心歡喜須臾擺上酒來奉席坐下王太守慢慢問道地方人情可還有甚麼出產詞訟裏可也略有些甚麼通融蘧公子道南昌人情鄙野有餘巧詐不足若說地方出產及詞訟

之事家君在此准的詞訟甚少若非綱常倫紀大事其餘戸昏田土都批到縣裏去務在安輯與民休息至於處處利藪也絕不耐煩去搜剔他或者有也不可知但只問著晚生便是問道於盲了王太守笑道可見三年清知府十萬雪花銀的話而今也不甚確了當下酒過數巡蘧公子見他問的都是些鄙陋不過的話因又說起家君在這裏無他好處只落得个訟簡刑清所以這些幕賓先生在衙門裏都也吟嘯自若

還記得前任臬司向家君說道聞得貴府衙門
裏有三樣聲息王太守道是那三樣蘧公子道
是吟詩聲下碁聲唱曲聲王太守大笑道這三
樣聲息却也有趣的緊蘧公子道將來老先生
一番振作只怕要換三樣聲息王太守道是那
三樣蘧公子道是戥子聲筭盤聲板子聲王太
守並不知這話是譏誚他正容答道而今你我
替朝廷辦事只怕也不得不如此認眞蘧公子
十分大酒量王太守也最好飲彼此傳杯換盞

直喫到日西時分將交代的事當面言明王太守許定出結作別去了過了幾日蘧太守果然送了一項銀子王太守替他出了結蘧太守帶著公子家眷裝著半船書畫回嘉興去了王太守送到城外回來果然聽了蘧公子的話釘了一把頭號的庫戥把六房書辦都傳進來問明了各項內的餘利不許欺隱都派入官三日五日一比用的是頭號板子把兩根板子拏到內衙上秤較了一輕一重都寫了暗號在上面出

來坐堂之時吩咐叫用大板皂隸若取那輕的就知他得了錢了就取那重板子打皂隸這些衙役百姓一个个被他打得魂飛魄散合城的人無一个不知道太爺的利害睡夢裏也是怕的因此各上司訪聞都道是江西第一个能員做到兩年多些各處薦了適值江西寧王反亂各路戒嚴朝廷就把他推陞了南贛道催趲軍需王大守接了羽檄文書星速赴南贛到任到任未久出門查看臺站大車駟馬在路曉行夜

宿那日到了一个地方落在公館公館是个舊
人家一所大房子走進去舉頭一看正廳上懸
著一塊匾匾上帖著紅紙上面四个大字是驊
騮開道王道臺看見喫了一驚到廳陛座屬員
衙役叅見過了掩門用飯忽見一陣大風把那
片紅紙吹在地下裏面現出綠底金字四个大
字是天府夔龍王道臺心裏不勝駭異纔曉得
關聖帝君判斷的話直到今日纔驗那所判兩
日黃堂便就是南昌府的个昌字可見萬事分

定一宿無話查畢公事回衙次年寧王統兵破了南贛官軍百姓開了城門抱頭鼠竄四散亂走王道臺也抵當不住叫了一隻小船黑夜逃走走到大江中遇著寧王百十隻艨艟戰船明盔亮甲船上有千萬火把照見小船叫一聲拏幾十个兵卒跳上船來走進中艙把王道臺反剪了手捉上大船那些從人船家殺的殺了還有怕殺的跳在水裏死了王道臺唬得撒抖抖的顫燈燭影裏望見寧王坐在上面不敢擡頭

寧王見了慌走下來親手替他解了縛叫取衣裳穿了說道孤家是奉太后密旨起兵誅君側之奸你既是江西的能員降順了孤家少不得陞授你的官爵王道臺顫抖抖的叩頭道情願降順寧王道既然願降待孤家親賜一杯酒此時王道臺被縛得心口十分疼痛跪著接酒在手一飲而盡心便不疼了又磕頭謝了王爺即賞與江西按察司之職自此隨在寧王軍中聽見左右的人說寧王在玉牒中是第八个王子

方纔悟了關聖帝君所判琴瑟琵琶頭上是八个王字到此無一句不驗了寧王鬧了兩年不想被新建伯王守仁一陣殺敗束手就擒那些偽官殺的殺了逃的逃了王道臺在衙門並不曾收拾得一件東西只取了一个枕箱裏面幾本殘書和幾兩銀子換了青衣小帽黑夜逃走真乃是慌不擇路趕了幾日旱路又搭船走昏天黑地一走直到了浙江烏鎮地方那日住了船客人都上去喫點心王惠也拏了幾个錢上

岸那點心店裏都坐滿了只有一个少年獨自據了一桌王惠見那少年彷彿有些認得却想不起開店的道客人你來同這位客人一席坐罷王惠便去坐在對席少年立起身來同他坐下王惠忍不住問道請教客人貴處那少年道嘉興王惠道尊姓那少年道姓蘧王惠道向日有位蘧老先生曾做過南昌太守可與足下一家那少年驚道便是家祖老客何以見問王惠道原來是蘧老先生的令公孫失敬了那少年

道却是不會拜問貴姓仙鄉王惠道這里不是說話處寶舟在那邊蘧公孫道就在岸邊當下會了賬兩人相攜著下了船坐下王惠道當日在南昌相會的少爺台諱是景王想是令叔蘧公孫道這便是先君王惠驚道原來便是尊翁怪道面貌相似却如何這般稱呼難道已仙遊了麽蘧公孫道家祖那年南昌解組次年即不幸先君見背王惠聽罷流下淚來說道昔年在南昌蒙尊公骨月之誼今不想已作故人世兄

今年貴庚多少了蘧公孫道虛度十七歲到底
不曾請教貴姓仙鄉王惠道盛從同船家都不
在此麼蘧公孫道他們都上岸去了王惠附耳
低言道便是後任的南昌知府王惠蘧公孫大
驚道聞得老先生已榮陞南贛道如何改裝獨
自到此王惠道只爲寧王反叛弟便挂印而逃
却爲圍城之中不曾取出盤費蘧公孫道如今
却將何往王惠道窮途流落那有定所就不曾
把降順寧王的話說了出來蘧公孫道老先生

既邊疆不守今日却不便出來自呈只是莊
四海盤費缺少如何使得晚學生此番却是奉
家祖之命在杭州舍親處討取一樁銀子現在
舟中今且贈與老先生以爲路費去尋一个僻
靜所在安身爲妙說罷即取出四封銀子遞與
王惠共二百兩王惠極其稱謝因說道兩邊船
上都要趕路不可久遲只得告別周濟之情不
死當以厚報雙膝跪了下去蘧公孫慌忙跪下
同拜了幾拜王惠又道我除了行李被褥之外

一無所有只有一个枕箱內有幾本書此時
潛踪在外雖這一點物件也恐被人識認惹起
是非如今也將來交與世兄我輕身更好逃竄
了蘧公孫應諾他即刻過船取來交代彼此灑
淚分手王惠道敬問令祖老先生今世不能再
見來生犬馬相報便了分別去後王惠另覔了
船入到太湖自此更姓改名削髮披緇去了蘧
公孫回到嘉興見了祖父說起路上遇見王太
守的話蘧太守大驚道他是降順了寧王的公

孫道這却不曾說明只說是挂印逃走並不會
帶得一點盤纏蘧太守道他雖犯罪朝廷却與
我是个故交何不就將你討來的銀子送他盤
費公孫道已送他了蘧太守道共是多少公孫
道只取得二百兩銀子儘數送與他了蘧太守
不勝歡喜道你眞可謂汝父之肖子就將當日
公子交代的事又告訴了一遍公孫見過乃祖
進房去見母親劉氏母親問了些路上的話慰
勞了一番進房歇息次日在乃祖跟前又說道

王太守枕箱內還有幾本書取出來送與乃祖看蘧太守看了都是鈔本其他也還沒要緊只內有一本是高青邱集詩話有一百多紙就是青邱親筆繕寫甚是精工蘧太守道這本書多年藏之大內數十年來多少才人求見一面不能天下並沒有第二本你今無心得了此書真乃天幸須是收藏好了不可輕易被人看見蘧公孫聽了心裏想道此書既是天下沒有第二本何不竟將他繕寫成帙添了我的名字刊刻

起來做這一番大名主意已定竟去刻了起來把高季迪名字寫在上面下面寫嘉興蘧來旬駪夫氏補輯刻畢刷印了幾百部徧送親戚朋友人人見了賞玩不忍釋手自此浙西各郡都仰慕蘧太守公孫是个少年名士蘧太守知道了成事不說也就此常教他做些詩詞寫斗方同諸名士贈答一日門上人進來稟道婁府兩位少老爺到了蘧太守叫公孫你婁家表叔到了快去迎請進來公孫領命慌出去迎這二位

乃是婁中堂的公子中堂在朝二十餘年薨逝
之後賜了祭葬謚爲文恪乃是湖州人氏長子
現任通政司大堂這位三公子諱瑧字玉亭是
个孝廉四公子諱瓚字瑟亭在監讀書是蘧太
守的親內姪公孫隨著兩位進來蘧太守歡喜
親自接出廳外檐下兩人進來請姑丈轉上拜
了下去蘧太守親手扶起叫公孫過來拜見了
表叔請坐奉茶二位婁公子道自拜別姑丈大
人屈指已十二載小姪們在京聞知姑丈桂冠

歸里無人不拜服高見今日得拜姑丈早已鬚鬢皓然可見有司官是勞苦的蘧太守道我本無宦情南昌待罪數年也不曾做得一些事業虛縻朝廷爵祿不如退休了好不想到家一載小兒亡化了越覺得胸懷冰冷細想來只怕還是做官的報應婁三公子道表兄天才磊落英多誰想享年不永幸得表姪已長成人侍奉姑丈膝下還可借此自寬婁四公子道便是小姪們聞了表兄訃音思量總角交好不想中路分

離臨終也不能一別同三兄悲痛過深幾乎發了狂疾大家兄念著也終日流涕不止蘧太守道令兄宦況也還覺得高興麼二位道通政司是个清淡衙門家兄在那裏浮沉著絕不曾有甚麼建白卻是事也不多所以小姪們在京師轉覺無聊商議不如返舍爲是坐了一會換去衣服二位又進去拜見了表嫂公孫陪奉出來請在書房裏面前一个小花圃琴罇爐几竹石禽魚蕭然可愛蘧太守也換了葛巾野服挂著

天台蘇枝出來陪坐擺出飯來用過飯烹茗清談說起江西寧王反叛的話多虧新建伯神明獨運建了這件大功除了這番大難婁三公子道新建伯此番有功不居尤爲難得四公子道據小姪看來寧王此番舉動也與成祖差不多只是成祖運氣好到而今稱聖稱神寧王運氣低就落得个爲賊爲虜也要算一件不平的事蘧太守道成敗論人固是庸人之見但本朝大事你我做臣子的說話須要謹愼四公子不敢

再說了那知這兩位公子因科名蹭蹬不得早年中鼎甲入翰林激成了一肚子牢騷不平每常只說自從永樂篡位之後明朝就不成个天下每到酒酣耳熱更要發這一種議論婁通政也是聽不過恐怕惹出事來所以勸他回浙江當下又談了一會閒話兩位問道表姪學業近來造就何如却還不曾恭喜畢過姻事太守道不瞞二位賢姪說我只得這一个孫子自小嬌養慣了我每常見這些教書的先生也不見有

甚麽學問一味粧模做樣動不動就是打罵人家請先生的開口就說要嚴老夫姑息的緊所以不曾著他去從時下先生你表兄在日自已教他讀些經史自你表兄去後我心裏更加憐惜他已替他捐了个監生舉業也不曾十分講究近來我在林下倒常教他做幾首詩吟咏性情要他知道樂天知命的道理在我膝下承歡便了二位公子道這个更是姑丈高見俗語說得好與其出一个斲削元氣的進士不如出一

个培養陰隲的通儒這个是得緊蘧太守便叫
公孫把平日做的詩取幾首來與二位表叔看
二位看了稱賛不已一連留住盤桓了四五日
二位辭別要行蘧太守治酒餞別席間說起公
孫姻事道這裏大戶人家也有央著來說的我是
个窮官怕他們爭行財下禮所以就遲著賢姪
在湖州若是老親舊戚人家爲我留意貧窮些
也不妨二位應諾了當日席終次早叫了船隻
先發上行李去蘧太守叫公孫親送上船自己

出來應事上作別說到老夫因至親在此數日家常相待休怪怠慢二位賢姪回府到令先太保公及尊公文恪公墓上提著我的名字說我蘧祐年邁龍鍾不能親自再來拜謁墓道了兩公子聽了悚然起敬拜別了姑丈蘧太守執手送出大門公孫先在船上候二位到時拜別了表叔看著開了船方纔回來兩公子坐著一隻小船蕭然行李仍是寒素看見兩岸桑陰稠密禽鳥飛鳴不到半里多路便是小港裏邊撑出

船來賣些菱藕兩弟兄在船內道我們幾年京華塵土中那得見這樣幽雅景致宋人詞說得好算計只有歸來是果然果然看看天色晚了到了一鎮人家桑陰裏射出燈光來直到河裏兩公子道叫船家泊下船此處有人家上面沽些酒來消此良夜就在這裏宿了罷船家應諾泊了船兩弟兄凭舷痛飲談說古今的事次早船家在船中做飯兩弟兄上岸閒步只見屋角頭走過一个人來見了二位納頭便拜下去說道

婁少老爺認得小人麽只因遇着這个人有分教公子好客結多少碩彥名儒相府開筵常聚些布衣葦帶畢竟此人是誰且聽下回分解

此篇結過王惠遞入二婁文筆漸趨于雅譬如遊山者奇峰怪石陡巖絕壁已經歷盡忽然蒼翠迎人別開一境使人應接不暇

二婁因早年蹭蹬激成一段牢騷此正東坡所謂一肚皮不合時宜也雖是名士習氣然與斗方名士自是不同

儒林外史第九回

婁公子捐金贖朋友　劉守備冒姓打船家

話說兩位公子在岸上閒步忽見屋角頭走過一个人來納頭便拜兩公子慌忙扶起說道足下是誰我不認得那人道兩位少老爺認不得小人了麽兩公子道正是面善一會見想不起那人道小人便是先太保老爺坟上看坟的鄒吉甫的兒子鄒三兩公子大驚道你却如何在此處鄒三道自少老爺們都進京之後小的老

子看著坟山著實興旺門口又置了幾塊田地那舊房子就不彀住了我家就另買了房子搬到東村那房子讓與小的叔子住後來小的家弟兄幾个又娶了親東村房子只彀大哥大嫂子二哥二嫂子住小的有个姐姐嫁在新市鎮姐夫没了姐姐就把小的老子和娘都接了這里來住小的就跟了來的兩公子道原來如此我家坟山没有人來作踐麽鄒三道這是那个敢府縣老爺們大凡往那裡過都要進來磕頭

一莖草也沒人動兩公子道你父親母親而今在那里鄒三道就在市稍盡頭姐姐家住著不多幾步小的老子時常想念二位少老爺的恩德不能見面三公子向四公子道鄒吉甫這老人家我們也甚是想他既在此不遠何不去到他家裡看看四公子道最好帶了鄒三回到岸上叫跟隨的吩咐過了船家鄒三引著路一徑走到市稍頭只見七八間矮小房子兩扇籬笆門半開半掩鄒三走去叫道阿爺三少老爺四

少老爺在此鄒吉甫裏面應道是那个拄著拐杖出來望見兩位公子不覺喜從天降讓兩公子走進堂屋丟了拐杖便要倒身下拜兩公子慌忙扶住道你老人家何消行這个禮兩公子扯他同坐下鄒三捧出茶來鄒吉甫親自接了送與兩公子喫著三公子道我們從京裏出來一到家就要到先太保墳上埽墓算計著會你老人家却因繞道在嘉興看蘧姑老爺無意中走這條路不想撞見你兒子說你老人家在這

里得以會着相別十幾年你老人家越發康健了方纔聽見說你那兩个令郎都娶了媳婦曾添了幾个孫子了麽你的老伴也同在這里說着那老婆婆白髮齊眉出來向兩公子道了萬福兩公子也還了禮鄒吉甫道你快進去向女孩兒說整治起飯來留兩位少老爺坐坐婆婆進去了鄒吉甫道我夫妻兩个感激太老爺少老爺的恩典一時也不能忘我這老婆子每日在這房檐下燒一炷香保祝少老爺們仍舊官

居一品而今大少老爺想也是大轎子四公子道我們弟兄們都不在家有甚好處到你老人家鄉說這樣的說越說得我們心裏不安三公子道況且墳山累你老人家看守多年我們方且知感不盡怎說這話鄒吉甫道蘧姑老爺已是告老回鄉了他少爺可惜去世小公子想也長成人了麼三公子道他今年十七歲資性倒也還聰明的鄒三捧出飯米雞魚肉鴨齊齊整整還有幾樣蔬菜擺在棹上請兩位公子坐下

鄒吉甫不敢來陪兩公子再三扯他同坐斟上酒來鄒吉甫道鄉下的水酒老爺們恐喫不慣四公子道這酒也還有些身分鄒吉甫道再不要說起而今人情薄了這米做出來的酒汁都是薄的小老還是聽見我死鬼父親說在洪武爺手裏過日子各樣都好一斗米做酒足有二十斤酒娘子後來永樂爺掌了江山不知怎樣的事事都改變了一斗米只做的出十五六觔酒來像我這酒是扣著水下的還是這般淡薄

無味三公子道我們酒量也不大只這个酒十分好了鄒吉甫喫著酒說道不瞞老爺說我是老了不中用了怎得天可憐見讓他們孩子們再過幾年洪武爺的日子就好了四公子聽了望着三公子笑鄒吉甫又道我聽見人說本朝的天下要同孔夫子的周朝一樣好的就爲出了个永樂爺就弄壞了這事可是有的麼三公子笑道你鄉下一个老實人那裏得知這些話這話畢竟是誰向你說的鄒吉甫道我本來果

然不曉得這些話因我這鎮上有个鹽店鹽店一位管事先生閒常無事就來到我們這稻場上或是柳陰樹下坐著說的這些話所以我常聽見他兩公子驚道這先生姓甚麼鄒吉甫道他姓楊爲人忠直不過又好看的是个書要便袖口內藏了一卷隨處坐著拏出來看往常他在這裏飯後沒事也好步出來了而今要見這先生却是再不能得公子道這先生往那里去了鄒吉甫道再不要說起楊先生雖是生意出

身一切賬目都不肯用心料理除了出外閒遊在店裏時也只是垂簾看書憑著這夥計胡三所以一店里人都稱呼他是个老阿獃先年東家因他爲人正氣所以託他管總後來聽見這些獃事本東自已下店把賬一盤都虧空了七百多銀子問著又沒處開消還在東家面前咬文嚼字指手畫脚的不服東家惱了一張呈子送在德清縣裏縣主老爺見是鹽務的事點到奉承把這先生拏到監裏坐著追比而今已在

監裏將有一年半了三公子道他家可有甚麼
產業可以賠償吉甫道有到好了他家就住在
村口外四里多路兩个兒子都是蠢人既不做
生意又不讀書還靠著老官養活却將甚麼賠
償四公子向三公子道窮鄉僻壤有這樣讀書
君子却被守錢奴如此淩虐足令人怒髮衝冠
我們可以商量个道理救得此人麽三公子道
他不過是欠債並非犯法如今只消到城裏問
明底細替他把這幾兩債負弄清了就是這有

何難四公子道這最有理我兩人明日到家就去辦這件事鄒吉甫道阿彌陀佛二位少老爺是肯做好事的想著從前已往不知拔濟了多少人如今若救出楊先生來這一鎮的人誰不感仰三公子道吉甫這句話你在鎮上且不要說出來待我們去相機而動四公子道正是未知事體做的來與做不來說出來就沒趣了于是不用酒了取飯來吃過匆匆回船鄒吉甫拄著拐杖送到船上說少老爺們恭喜回府小老

遲日再來城裏府內候安又叫鄒三捧著一瓶
酒和些小菜送在船上與二位少老爺消夜看
著開船方纔回去了兩公子到家清理了些家
務應酬了幾天客事即便喚了一个辦事家人
晉爵叫他去到縣裏查新市鎮鹽店裏送來監
禁這人是何名字虧空何項銀兩共計多少本
人有功名沒功名都查明白了來說晉爵領命
來到縣衙戶房書辦原是晉爵拜盟的弟兄見
他來查連忙將案尋出用紙謄寫一通遞與他

拏了回來回覆兩公子只見上面寫着新市鎮公裕旗鹽店呈首商人楊執中即楊允累年在店不守本分嫖賭穿喫侵用成本七百餘兩有誤國課懇恩追比云云但查本人係廩生挨貢不便追比合詳請褫革以便嚴比今將本犯權時寄監收禁候上憲批示然後勒限等情四公子道這也可笑的緊廩生挨貢也是衣冠中人物今不過侵用鹽商這幾兩銀子就要將他褫革追比是何道理三公子道你問明了他並無

別情麼晉爵道小的問明了並無別情二公子道既然如此你去把我們前日黃家圩那人來贖田的一宗銀子兌七百五十兩替他上庫再寫我兩人的名帖向德清縣說這楊貢生是家老爺們相好呌他就放出監來你再拏你的名字添上一個保狀你作速去辦理四公子道晉爵這事你就去辦不可怠慢那楊貢生出監來你也不必同他說什麼他自然到我這裏來相會晉爵應諾去了晉爵只帶二十兩銀子一直

到書辦家把這銀子送與書辦說道楊貢生的事我和你商議个主意書辦道既是太師老爺府裏發的有帖子這事何難隨卽打个稟帖說這楊貢生是婁府的人兩位老爺發了帖現有婁府家人具的保狀況且婁府說這項銀子非賍非竊何以便行監禁此事乞老爺上裁知縣聽了婁府這番話心下著慌却又回不得鹽商傳進書辦去細細商酌只得把幾項鹽規銀子湊齊補了這一項准了晉爵保狀卽刻把楊貢

生放出監來也不用發落釋放去了那七百多銀子都是晉爵笑納把放來的話都回覆了公子公子知道他出了監自然就要來謝那知楊執中並不曉得是甚麼緣故縣前問人說是一个姓晉的晉爵保了他去他自心裏想生平並認不得這姓晉的疑惑一番不必管他落得身子乾淨且下鄉家去照舊看書到家老妻接著喜從天降兩个蠢兒子日日在鎮上賭錢半夜也不歸家只有一个老嫗又痴又聾在家燒火

做飯聽候門戶楊執中爻日在鎮上各家相熟處走走鄒吉甫因是第二个兒子養了孫子接在東莊去住不曾會著所以婁公子這一番義舉做夢也不得知道婁公子過了月餘弟兄在家不勝詫異想到越石甫故事心裏覺得楊執中想是高絕的學問更加可敬一日三公子向四公子道楊執中至今並不來謝此人品行不同四公子道論理我弟兄既仰慕他就該先到他家相見訂交定要望他來報謝這不是俗情

了麽三公子道我也是這樣想但豈不聞公子有德于人願公子忘之之說我們若先到他家可不像要特地自明這件事了四公子道相見之時原不要提起朋友聞聲相思命駕相訪也是常事難道因有了這些緣故倒反隔絕了相與不得的三公子道這話極是有理當下商議已定又道我們須先一日上船次日早到他家以便作盡日之談于是叫了一隻小船不帶從者下午下船走了幾十里此時正值秋末冬初

遣短夜長河裏有些朦朦的月色這小船乘著月色搖著櫓走那河裏各家運租米船挨擠不開這船却小只在船傍邊擦過去看看二更多天氣兩公子將次睡下忽聽一片聲打的河路響這小船却沒有燈艙門又關著四公子在板縫裏張一張見上流頭一隻大船明晃晃點著兩對大高燈一對燈上字是相府一對是通政司大堂船上站著幾个如狼似虎的僕人手拏鞭子打那擠河路的船四公子唬了一跳低低

吽三哥你過來看看這是那个三公子來看了一看這僕人却不是我家的說著那船已到了跟前拏鞭子打這小船的船家船家道好好的一條河路你走就走罷了行兇打怎的船上那些人道狗攮的奴才你睜開驢眼看看燈籠上的字船是那家的船船家道你燈上掛着相府我知道你是那个宰相家那些人道瞎眼的死囚湖州除了婁府還有第二个宰相船家道婁府罷了是那一位老爺那船上道我們是婁三

老爺裝租米的船誰人不曉得這狗攮的再回嘴拏繩子來把他拴在船頭上明日回過三老爺拏帖子送到縣裏且打幾十板子再講船家道婁三老爺現在我船上你那里又有个婁三老爺出來了兩公子聽著暗笑船家開了艙板請三老爺出來給他們認一認三公子走在船頭上此時月尚未落映著那邊的燈光照得亮三公子問道你們是我家那一房的家人那些人都認得三公子一齊都慌了齊跪下道小人

們的主人却不是老爺一家小人們的主人劉
老爺會做過守府因從莊上運些租米怕河路
裏擠大膽借了老爺府裏官銜不想就衝撞了
三老爺的船小的們該死了三公子道你主人
雖不是我本家却也同在鄉里借箇官銜燈籠
何妨但你們在河道裏行兇打人却使不得你
們說是我家豈不要壞了我家的聲名況你們
也是知道的我家從沒有人敢做這樣事你們
起來就回去見了你們主人也不必說在河裏

遇著我的這一番話只是下次也不必如此難道我還計較你們不成衆人應諾謝了三老爺的恩典磕頭起來忙把兩副高燈登時吹息將船溜到河邊上歇息去了三公子進艙來同四公子笑了一回四公子道船家你究竟也不該說出我家三老爺在船上又講出與他看把他們掃這一場大興是何意思船家道不說他把我船板都要打通了好不兇惡這一會纔現出原身來了說罷兩公子解衣就寢小船搖櫓

行了一夜清晨已到新市鎮泊岸兩公子取水洗了面吃了些茶水點心吩咐了船家好好的看船在此伺候兩人走上岸來到市稍盡頭鄒吉甫女兒家見關著門敲門問了一問纔知道老鄒夫婦兩人都接到東莊去了女兒留兩位老爺喫茶也不曾坐兩人出了鎮市沿著大路去走有四里多路遇著一个挑柴的樵夫問他這里有个楊執中老爺家住在那裏樵夫用手指著遠望著一片紅的便是他家屋後你們打

從這條小路穿過去兩位公子謝了樵夫披榛覓路到了一个村子不過四五家人家幾間茅屋屋後有兩顆大楓樹經霜後楓葉通紅知道這是楊家屋後了又一條小路轉到前門門前一條澗溝上面小小板橋兩公子過得橋來看見楊家兩扇板門關著見人走到那狗便吠起來三公子自來叩門叩了半日裏面走出一个老嫗來身上衣服甚是破爛兩公子近前問道你這里是楊執中老爺家麼問了兩徧方纔點

頭道便是你是那里來的兩公子道我弟兄兩个姓婁在城裏住特來拜訪楊執中老爺的那老嫗又聽不明白說道是姓劉麼兩公子道姓婁你只向老爺說是大學士婁家便知道了老嫗道老爺不在家裏從昨日出門看他們打魚並不曾回來你們有甚麼說話改日再來罷說罷也不曉得請進去請坐喫茶竟自關了門回去了兩公子不勝悵悵立了一會只得仍舊過橋依著原路回到船上進城去了楊執中這老

猷直到晚裏纔回家來老嫗告訴他道早上城裏有兩个甚麼姓柳的來尋老爹說他在甚麼大覺寺裡住楊執中道你怎麼回他去的老嫗道我說老爹不在家呌他改日來罷楊執中自心裏想那个甚麼姓柳的忽然想起當初鹽商告他打官司縣裏出的原差姓柳一定是這差人要來找錢因把老嫗駡了幾句道你這老不死老蠢蟲這樣人來尋我你只回我不在家罷了又呌他改日來怎的你就這樣沒用老嫗又

不服回他的嘴楊執中惱了把老嫗打了幾个嘴巴踢了幾脚自此之後恐怕差人又來尋他從清早就出門閒混直到晚纔歸家不想婁府兩公子放心不下過了四五日又叫船家到鎮上仍舊步到門首敲門老嫗開門看見還是這兩个人惹起一肚子氣發作道老爹不在家里你們只管來尋怎的兩公子道前日你可曾說我們是大學士婁府老嫗道還說甚麽爲你這兩个人帶累我一頓拳打脚踢今日又來做甚

麼老爹不在家還有些日子不來家哩我不得工夫要去燒鍋做飯說著不由兩人再問把門關上就進去了再也敲不應兩公子不知是何緣故心裏又好惱又好笑立了一會料想叫不應了只得再回船來船搖著行了有幾家里路一个賣菱的船船上一个小孩子搖近船來那孩子手扶著船窗口裏說道買菱那買菱那船家把繩子拴了船且秤菱角兩公子在船窗內伏著問那小孩子道你是那村裏住那小孩子

道我就在這新市鎮上四公子道你這里有个楊執中老爹你認得他麼那小孩子道怎麼不認得這位老先生是个和氣不過的人前日趂了我的船去前村看戲袖子裏還丟下一張紙卷子寫了些〻字在上面三公子道在那里那小孩子道在艙底下不是三公子道取過來我們看看那小孩子取了遞過來接了船家買菱的錢搖著去了兩公子打開看是一幅素箋上面寫著一首七言絕句詩道不敢妄爲些〻子事只

因曾讀數行書嚴霜烈日皆經過次第春風到草廬後面一行寫楓林拙叟楊允草兩公子看罷不勝嘆息說道這先生襟懷沖淡其實可敬只是我兩人怎麼這般難會這日雖霜楓淒緊却喜得天氣晴明四公子在船頭上看見山光水色徘徊眺望只見後面一隻大船趕將上來船頭上一个人叫道婁四老爺請攏了船家老爺在此船家忙把船攏過去那人跳過船來磕了頭看見艙裏道原來三老爺也在此只因過

着這隻船有分教少年名士豪門喜結絲蘿相府儒生勝地廣招俊傑畢竟這船是那一位貴人且聽下回分解

婁氏兩公子因不能早年中進士入詞林激成一肚子牢騷是其本源受病處狂言發于蘧太守之前太守遂正色以拒之不意窮鄉之中乃有不識字之村父其見解竟與已之見解同雖欲不以爲知言烏可得已一細叩之而始知索解者別有人在此時即有百口

稱說楊執中爲不通之老阿獃亦不能踈兩公子納交之殷也故執中愈不來而公子想慕執中之心愈濃愈確其中如看門之老嫗賣菱之童子無心點逗若離若合筆墨之外逸韻橫生

冒姓打船家一段與上文盼附晉爵贖楊執中一段兩兩對勘才夾出眞鄉紳身分非如嚴貢老時時要寫帖子究竟不曾與湯父母謀面者比且文字最嫌直率假使兩公子篤

一葉之扁舟走到新市鎮便會見楊執中路
上一些事也沒有豈非將下小說庸俗不堪
之筆墨看何趣味乎

儒林外史第十回

魯翰林憐才擇壻　蘧公孫富室招親

話說婁家兩位公子在船上後面一隻大官船趕來叫攏了船一个人上船來請兩公子認得是同鄉魯編修家裏的管家問道你老爺是幾時來家的管家道告假回家尚未曾到三公子道如今在那里管家道現在大船上請二位老爺過去兩公子走過船來看見貼著翰林院的封條編修公已是方巾便服出來站在艙門口

編修原是太保的門生當下見了笑道我方纔遠遠看見船頭上站的是四世兄我心裏正疑惑你們怎得在這小船上不想三世兄也在這裏有趣的緊請進艙裏去讓進艙內彼此拜見過了坐下三公子道京師拜別不覺又是半載世老先生因何告假回府曾編修道老世兄做窮翰林的人只望著幾回差事現今肥美的差都被別人鑽謀去了白白坐在京裏陪錢度日況且弟年將五十又無子息只有一个小女還

不會許字人家思量不如告假返舍料理些〻家務再作道理二位世兄為何駕著一隻小船在河裏從人也不帶一个却做甚麼事四公子道小弟總是閒著無事的人因見天氣晴暖同家兄出來閒遊也沒甚麼事曾編修道弟今早在那邊鎮上去看一个故人他要留我一飯我因忽忽要返舍就苦辭了他他却將一席酒餚送在我船上今喜遇著二位世兄正好把酒話舊因問從人道二號船可會到船家答應道不會

到還離的遠哩曾編修道這也罷了叫家人把
二位老爺行李般上大船來那船叫他回去罷
吩咐擺了酒席斟上酒來同飲說了些京師裏
各衙門的細話曾編修又問問故鄉的年歲又
問近來可有幾個有名望的人三公子因他問
這一句話就說出楊執中這一個人可以算得
極高的品行就把這一張詩拏出來送與曾編
修看曾編修看罷愁著眉道老世兄似你這等
所為怕不是自古及今的賢公子就是信陵君

春申君也不過如此但這樣的人盜虛聲者多有實學者少我老實說他若果有學問爲甚麽不中了去只做這兩句詩當得甚麽就如老世兄這樣屈尊好士也算這位楊兄一生第一个好遭際了兩回躲著不敢見面其中就可想而知依愚見這樣人不必十分周旋他也罷了兩公子聽了這話默然不語又吃了半日酒講了些閒話已到城裏魯編修定要送兩位公子回家然後自己回去兩公子進了家門看門的禀

道蘧小少爺來了在太太房裏坐著哩兩公子走進內堂見蘧公孫在那裏三太太陪著公孫見了表叔來慌忙見禮兩公子扶住邀到書房蘧公孫呈上乃祖的書札並帶了來的禮物所刻的詩話每位一本兩公子將此書畧翻了幾頁稱賛道賢姪少年如此大才我等俱要退避三舍矣蘧公孫道小子無知妄作要求表叔指點兩公子歡喜不已當夜設席接風留在書房歇息次早起來會過蘧公孫就換了衣服叫家

人持帖坐轎子去拜曾編修拜罷回家即吩咐厨役備席發帖請編修公明日接風走到書房內向公孫笑著說道我們明日請一位客勞賢姪陪一陪蘧公孫問是那一位三公子道就是我這同鄉曾編修也是先太保做會試總裁取中的四公子道究竟也是個俗氣不過的人卻因我們和他世兄弟又前日船上遇著就先擾他一席酒所以明日邀他來坐坐說著看門的人進來稟說紹興姓牛的牛相公叫做牛布衣

在外候二位老爺三公子道快請廳上坐蘧公孫道這牛布衣先生可是曾在山東范學臺幕中的三公子道正是你怎得知蘧公孫道曾和先父同事小姪所以知道四公子道我們倒忘了尊公是在那裏的隨即出去會了牛布衣談之良久便同牛布衣走進書房蘧公孫上前拜見牛布衣說道適纔會見令表叔纔知尊大人已謝賓客使我不勝傷感今幸見世兄如此英英玉立可稱嗣續有人又要破涕爲笑因問令

祖老先生康健麽遽公孫答道托庇粗安家祖每常也時時想念老伯牛布衣又說起范學臺幕中查一个童生卷子尊公說出何景明的一段話真乃談言微中名士風流因將那一席話又述了一遍兩公子同蘧公孫都笑了三公子道牛先生你我數十年故交凡事忘形今又喜得舍表姪得接大教竟在此坐到晚去少頃擺出酒席四位樽酒論文直吃到日暮牛布衣告別兩公子問明寓處送了出去次早遣家人去

邀請魯編修直到日中纔來頭戴紗帽身穿蟒衣進了廳事就要進去拜老師神主兩公子再三辭過然後寬衣坐下獻茶茶罷蘧公孫出來拜見三公子道這是舍表姪南昌太守家姑丈之孫魯編修道久慕久慕彼此謙讓坐下寒暄已畢擺上兩席酒來魯編修道老世兄這个就不是了你我世交知己間何必做這些客套依弟愚見這廳事也太濶落意欲借尊齋只須一席酒我四人促膝談心方纔暢快兩公子見這

般說竟不違命當下讓到書房裏魯編修見瓶花鑪几位置得宜不覺怡悅奉席坐了公子吩咐一聲叫焚香只見一个頭髮齊眉的童子在几上捧了一个古銅香爐出去隨即兩个管家進來放下暖簾就出去了足有一个時辰酒斟三巡那兩个管家又進來把暖簾捲上但見書房兩邊墻壁上板縫裏都噴出香氣來滿座異香襲人魯編修覺飄飄有凌雲之思三公子向魯編修道香必要如此燒方不覺得有烟氣編

修贅嘆了一回同蘧公子談及江西的事問道令祖老先生南昌接任便是王諱惠的了蘧公孫道正是曾編修道這位王道尊却是了不得而今朝廷捕獲得他甚緊三公子道他是降了寧王的曾編修道他是江西保荐第一能員及期就是他先降順了四公子道他這降到底也不是曾編修道古語道得好無兵無粮因甚不降只是各僞官也逃脫了許多只有他領著南贛數郡一齊歸降所以朝廷尤把他罪狀的狠

懸賞捕拏公孫聽了這話那從前的事一字也不敢提魯編修又說起他請仙這一段故事兩公子不知魯編修細說這件事把江西月念了一遍後來的事逐句講解出來又道仙乩也古怪只說道他歸降此後再不判了還是吉凶未定四公子道幾者動之微吉之先見這就是那扶乩的人一時動乎其機說是有神仙又說有靈鬼的都不相干換過了席兩公子把蘧公孫的詩和他刻詩的話請教極誇少年美才魯編

修嘆賞了許久便向兩公子問道令表姪貴庚三公子道十七歲編修道懸弧之慶在于何日三公子轉問蘧公孫公孫道小姪是三月十六亥時生的魯編修點了一點頭記在心裏到晚席散兩公子送了客各自安歇又過了數日蘧公孫辭別回嘉興去兩公子又留了一日這日三公子在內書房寫回覆蘧太守的書纔寫著書童進來道看門的稟事三公子道著他進來看門的道外面有一位先生要求見二位老爺

三公子道你回他我們不在家留下了帖罷看門的道他沒有帖子問著他名姓也不肯說只說要面會一位老爺談談三公子道那先生是怎樣一个人看門的道他有五六十歲頭上也戴的是方巾穿的件繭紬直裰像个斯文人三公子驚道想是楊執中來了忙丢了書子請出四公子來告訴他如此這般似乎楊執中的行徑因叫門上的去請在廳上坐我們就出來會看門的應諾去了請了那人到廳上坐下兩公

子出來相見禮畢奉坐那人道久仰大名如雷灌耳只是無緣不曾拜識二公子道先生貴姓台甫那人道晚生姓陳草字和甫一向在京師行道昨同翰苑魯老先生來遊貴鄉今得瞻二位老爺丰采三老爺耳白於面名滿天下四老爺土星明亮不日該有加官晉爵之喜兩公子聽罷纔曉得不是楊執中問道先生精于風鑑陳和甫道卜易談星看相算命內科外科內丹外丹以及請仙判事扶乩筆籙晚生都畧知道

一向在京師蒙各部院大人及四衙門的老
先生請个不歇經晚生許過他陞遷的無不神
驗不瞞二位老爺說晚生只是个直言並不肯
阿諛趣奉所以這些當道大人俱蒙相愛前日
正同曾老先生笑說自離江西今年到貴省屈
指二十年來已是走過九省了說罷哈哈大笑
左右捧上茶來吃了四公子問道今番是和曾
老先生同船來的愚弟兄那日在路遇見曾老
先生在船上盤桓了一日却不曾會見陳和甫

道那日晚生在二號船上到晚纔知道二位老爺在彼這是晚生無緣遲這幾日纔得拜見三公子道先生言論軒爽愚兄弟也覺得恨相見之晚陳和甫道魯老先生有句話托晚生來面致二位老爺可借尊齋一話兩公子道最好當下讓到書房裏陳和甫舉眼四面一看見院宇深沉琴書瀟洒說道真是天上神仙府人間宰相家說畢將椅子移近跟前道魯老先生有一个令愛年方及笄晚生在他府上是知道的道

位小姐德性温良才貌出衆曾老先生和夫人
因無子息愛如掌上之珠許多人家求親只是
不允昨在尊府會見南昌邊太爺的公孫著實
愛他才華所以託晚生來問可曾畢過姻事三
公子道這便是舍表姪却還不曾畢姻極承曾
老先生相愛只不知他這位小姐貴庚多少年
命可相妨礙陳和甫笑道這个倒不消慮令表
姪八字曾老先生在尊府席上已經問明在心
裏了到家就是晚生查算替他兩人合婚小姐

少公孫一歲今年十六歲了天生一對好夫妻年月日時無一不相合將來福壽綿長子孫衆多一些〻也沒有破綻的四公子向三公子道怪道他前日在席間諄諄問表姪生的年月我道是因甚麼原來那時已有意在那裏三公子道如此極好曾老先生錯愛又蒙陳先生你來作伐我們即刻寫書與家姑丈擇吉央媒到府奉求陳和甫作別道容日再來請教今暫告别回曾老先生話去兩公子送過陳和甫回來將這

話說與蘧公孫道賢姪既有此事都且休要就回嘉興我們寫書與太爺打發盛從回去取了回音來再作道理蘧公孫依命住下家人去了十餘日領著蘧太守的回書來見兩公子道太老爺聽了這話甚是歡喜向小人吩咐說自己不能遠來這事總央煩二位老爺做主央媒拜允一是二位老爺揀擇或娶過去或招在這裏也是二位老爺斟酌呈上回書並白銀五百兩以爲聘禮之用大相公也不必回家住在這裏

辦這喜事太老爺身體是康強的一切放心兩公子收了回書銀子擇个吉日央請陳和甫為媒這邊添上一位媒人就是牛布衣當日兩位月老齊到婁府設席款待過二位坐上轎子管家持帖去魯編修家求親魯編修那裏也設席相留回了允帖並帶了庚帖過來到第三日婁府辦齊金銀珠翠首飾裝蟒刻絲紬緞綾羅衣服羊酒菓品共是幾十擡行過禮去又備了謝媒之禮陳牛二位每位代衣帽銀十二兩代菓

酒銀四兩俱各歡喜兩公子就託陳和甫選定花燭之期陳和甫選在十二月初八日不將大吉送過吉期去魯編修說只得一个女兒捨不得嫁出門要蘧公孫入贅婁府也應允了到十二月初八婁府張燈結綵先請兩位月老喫了一日黃昏時分大吹大擂起來婁府一門官銜燈籠就有八十多對添上蘧太守家燈籠足擺了三四條街還擺不了全副執事又是一班細樂八對紗燈這時天氣初晴浮雲尚不曾退盡

燈上都用綠細兩帷罩著引著四人大轎蘧公孫端坐在內後面四乘轎子便是婁府兩公子陳和甫牛布衣同送公孫入贅到了魯宅門口開門錢送了幾封只見重門洞開裏面一派樂聲迎了出來四位先下轎進去兩公子穿著公服兩山人也穿著吉服魯編修紗帽蟒袍緞靴金帶迎了出來揖讓升階纔是一班細樂八對絳紗燈引著蘧公孫紗帽宮袍簪花披紅低頭進來到了廳事先奠了雁然後拜見魯編修

修公奉新壻正面一席坐下兩公子兩山人和
魯編修兩列相陪獻過三徧茶擺上酒席每人
一席共是六席魯編修先奉了公孫的席公孫
也回奉了下面奏著細樂魯編修去奉衆位的
席蘧公孫偷眼看時是个舊舊的三間廳古老
房子此時點幾十枝大蠟燭却極其輝煌須臾
送定了席樂聲止了蘧公孫下來告過丈人同
二位表叔的席又和兩山人平行了禮入席坐
了戲子上來參了堂磕頭下去打動鑼鼓跳了

一齣加官演了一齣張仙送子一齣封贈這時下了兩天雨纔住地下還不甚乾戲子穿著新靴都從廊下板上大寬轉走了上來唱完三齣頭副末執著戲單上來點戲纔走到蘧公孫席前跪下恰好侍席的管家捧上頭一碗膾燕窩來上在桌上管家叫一聲免副末立起呈上戲單忽然乒乓一聲響屋梁上掉下一件東西來不左不右不上不下端端正正掉在燕窩碗裏將碗打翻那熱湯濺了副末一臉碗裏的菜潑

了一桌子定睛看時原來是一个老鼠從梁上走滑了脚掉將下來那老鼠掉在滾熱的湯裏嚇了一驚把碗跳翻爬起就從新郎官身上跳了下去把簇新的大紅緞補服都弄油了衆人都失了色忙將這碗撤去桌子打抹乾淨又取一件員領與公孫換了公孫再三謙讓不肯點戲商議了半日點了三代榮副末領单下去須臾酒過數巡食供兩套厨下捧上湯來那厨役僱的是个鄉下小使他靸了一雙釘鞋捧着六

碗粉湯站在丹墀裏尖着眼睛看戲管家纔掇了四碗上去還有兩碗不曾端他捧着看戲看到戲場上小旦裝出一个婊者扭扭揑揑的唱他就看昏了忘其所以然只道粉湯碗已是端完了把盤子向地下一掀要倒那盤子裏的湯脚却叮噹一聲响把兩个碗和粉湯都打碎在地下他一時慌了彎下腰去抓那粉湯又被兩个狗爭着咂嘴弄舌的來搶那地下的粉湯吃他怒從心上起使盡平生氣力蹺起一隻脚來

踢去不想那狗倒不曾踢著力太用猛了把一隻釘鞋踢脫了踢起有丈把高陳和甫坐在左邊的第一席席上上了兩盤點心一盤猪肉心的燒賣一盤鵝油白糖蒸的餃兒熱烘烘擺在面前又是一大深碗索粉八寶攢湯正待舉起箸來到嘴忽然席口一个烏黑的東西的溜溜的滾了來乒乓一聲把兩盤點心打的稀爛陳和甫嚇了一驚慌立起來衣袖又把粉湯碗招翻潑了一桌滿坐上都覺得詫異魯編修自覺

得此事不甚吉利懊惱了一回又不好說隨即悄悄叫管家到跟前駡了幾句說你們都做甚麽却叫這樣人捧盤可惡之極過了喜事一个个都要重責亂着戲子正本做完衆家人掌了花燭把蘧公孫送進新房廳上衆客換席看戲直到天明纔散次日蘧公孫上廳謝親設席飲酒席終歸到新房裏重新擺酒夫妻舉案齊眉此時魯小姐卸了濃裝換幾件雅淡衣服蘧公孫舉眼細看真有沉魚落雁之容閉月羞花之

貌三四个丫鬟養娘輪流侍奉又有兩个貼身侍女一个叫做采蘋一个叫做雙紅都是裊娜輕盈十分顏色此時蘧公孫恍如身遊閬苑蓬萊巫山洛浦只因這一番有分教閨閣繼家聲有若名師之教草茅隱賢士又招好客之蹤畢竟後事如何且聽下回分解

此篇文字要與嚴二相公娶親對看乃覺一處錦鋪繡列一處酸氣逼人

兩公子一片求賢訪道之盛心被魯編修兜

頭一瓢冷水真有并剪哀梨之妙却又能畫出編修惟以資格論人開口便是做衙門俗套可謂雙管齊下矣四公子云究竟也是个俗氣不過的人又被一語道破也

吉期飲宴時忽然生出兩件奇事是埋伏後文編修將病而死所以點明編修自覺此事不甚吉利但閱者至此惟覺聲飛天外絕倒之不暇亦不是尋味其中線索之妙

儒林外史第十一回

魯小姐制義難新郎　楊司訓相府薦賢士

話說蘧公孫招贅魯府見小姐十分美貌已是醉心還不知小姐又是個才女且他這個才女又比尋常的才女不同魯編修因無公子就把女兒當作兒子五六歲上請先生開蒙就讀的是四書五經十一二歲就講書讀文章先把一部王守溪的稿子讀的滾瓜爛熟教他做破題破承起講題比中比成篇送先生的束修那先

生督課同男子一樣這小姐資性又高記心又好到此時王唐瞿薛以及諸大家之文歷科程墨各省宗師考卷肚裏記得三千餘篇自已作出來的文章又理真法老花團錦簇魯編修每常嘆道假若是个兒子幾十个進士狀元都中來了閒居無事便和女兒談說八股文章若做的好隨你做甚麼東西要詩就詩要賦就賦都是一鞭一條痕一摑一掌血若是八股文章欠講究任你做出甚麼來都是野狐禪邪魔外道

小姐聽了父親的教訓曉粧臺畔刺繡牀前擺滿了一部一部的文章每日丹黃爛然蠅頭細批人家送來的詩詞歌賦正眼兒也不看他家裏雖有幾本甚麽千家詩解學士詩東坡小妹詩話之類倒把與伴讀的侍女采蘋雙紅們看閒暇也教他謅幾句詩以爲笑話此番招贅進蘧公孫來門戶又相稱才貌又相當眞個是才子佳人一雙兩好料想公孫舉業已成不日就是个少年進士但贅進門來十多日香房裏滿

架都是文章公孫都全不在意小姐心裏道這些自然都是他爛熟于胷中的了又疑道他因新婚燕爾正貪歡笑還理論不到這事上又過了幾日見公孫赴宴回房袖裏籠了一本詩來燈下吟哦也拉著小姐並坐同看小姐此時還害羞不好問他只得强勉看了一个時辰彼此睡下到次日小姐忍不住了知道公孫坐在前邊書房裏即取紅紙一條寫下一行題目是身修而后家齊叫采蘋過來說道你去送與姑爺

說是老爺要請教一篇文字的公孫接了付之一笑回說道我於此事不甚在行況到尊府未經滿月要做兩件雅事這樣俗事還不耐煩做哩公孫心裏只道說向才女說這樣話是極雅的了不想正犯著忌諱當晚養娘走進房來看小姐只見愁眉淚眼長吁短嘆養娘道小姐你纔恭喜招贅了這樣好姑爺有何心事做出這等模樣小姐把日裏的事告訴了一遍說道我只道他舉業已成不日就是舉人進士誰想如

此光景豈不誤我終身養娘勸了一回公孫進來待他詞色就有些不善公孫自知慚愧彼此也不便明言從此啾啾唧唧小姐心裏納悶但說道舉業上公孫總不招攬勸的緊了反說小姐俗氣小姐越發悶上加悶整日眉頭不展夫人知道走來勸女兒道我兒你不要恁般獃氣我看新姑爺人物已是十分了況你爹原愛他是个少年名士小姐道母親自古及今幾曾看見不會中進士的人可以叫做个名士的說著

越要惱怒起來夫人和養娘道這个是你終身大事不要如此況且現放著兩家鼎盛就算姑爺不中進士做官難道這一生還少了你用的小姐道好男不吃分家飯好女不穿嫁時衣依孩兒的意思總是自掙的功名好靠著祖父只算做不成器夫人道就是如此也只好慢慢勸他道是急不得的養娘道當真姑爺不得中你將來生出小公子來自小依你的教訓不要學他父親家裏放著你恁个好先生怕教不出个

狀元來就替你爭口氣你這封誥是穩的說著和夫人一齊笑起來小姐歎了一口氣也就罷了落後魯編修聽見這些話也出了兩个題請教公孫公孫勉强成篇編修公看了都是些詩詞上的話又有兩句像離騷又有兩句子書不是正經文字因此心裏也悶說不出來却全虧夫人疼愛這女壻如同心頭一塊肉看看過了殘冬新年正月公子回家拜祖父母親的年回來正月十二日婁府兩公子請吃春酒公孫到

丁兩公子接在書房裏坐問了蘧太守在家的安說道今日也並無外客因是令節約賢姪到來家宴三杯剛纔坐下看門人進來稟看墳的鄒吉甫來了兩公子自從歲內為蘧公孫畢姻之事忙了月餘又亂着度歲把那楊執中的話已丟在九霄雲外今見鄒吉甫來又忽然想起叫請進來兩公子同蘧公孫都走出廳上見頭上戴着新氈帽身穿一件青布厚棉道袍腳下踏着暖鞋他兒子小二手裏拏着个布口袋裝

了許多炒米豆腐干進來放下兩公子和他施禮說道吉甫你自恁空身來走走罷了爲甚麽帶將禮來我們又不好不收你的鄒吉甫道二位少老爺說這笑話可不把我羞死了鄉下物件帶來與老爺賞人兩公子吩咐將禮收進去鄒二哥請在外邊坐將鄒吉甫讓進書房來吉甫問了知道是蘧小公子又問蘧姑老爺的安因說道還是那年我家太老爺下葬會着姑老爺的整整二十七年了呌我們恁的不老姑老

爺鬍子也全白了麼公孫道全白了三四年了鄒吉甫不肯僭公孫的坐三公子道他是我們表伯你老人家年尊老實坐罷吉甫遵命坐下先吃過飯重新擺下碟子斟上酒來兩公子說起兩番訪楊執中的話從頭至尾說了一遍鄒吉甫道他自然不曉得這个都因我這幾个月住在東莊不曾去到新市鎮所以這些話沒人向楊先生說楊先生是个忠厚不過的人難道會裝身分故意躲着不見他又是个極肯相與

人的聽得二位少老爺訪他他巳不得連夜來會哩明日我回去向他說了同他來見二位老爺四公子道尔且住過了燈節到十五日那日同我這表姪在街坊上去看看燈索性到十七八間我們叫一隻船同你到楊先生家還是先去拜他纔是吉甫道這更好了當夜喫完了酒送蘧公孫回寓宅去就留鄒吉甫在書房歇宿次日乃試燈之期婁府正廳上懸掛一對大珠燈乃是武英殿之物憲宗皇帝御賜的那燈是

內府製造十分精巧鄒吉甫叫他的兒子鄒二來看也給他見見廣大到十四日先打發他下鄉去說道我過了燈節要同老爺們到新市鎮順便到你姐姐家要到二十外纔家裏去你先去罷鄒二應諾去了到十五晚上蘧公孫正在魯宅同夫人小姐家宴宴罷婁府請來喫酒同在街上遊玩湖州府太守衙前紮著一座鼇山燈其餘各廟社火扮會鑼鼓喧天人家士女都出來看燈踏月真乃金吾不禁鬧了半夜次早

鄒吉甫向兩公子說要先到新市鎮女兒家去約定兩公子十八日下鄉同到楊家兩公子依了送他出門搭了个便船到新市鎮女兒接着新年磕了老子的頭收拾酒飯喫了到十八日鄒吉甫要先到楊家去候兩公子自心裏想楊先生是个窮極的人公子們到那裏將甚麽管待因問女兒要了一隻鴨數錢去鎮上打了三斤一方肉又沽了一瓶酒和些蔬菜之類向鄰居家借了一隻小船把這酒和鴨肉都放在船艙

裏自己掉着來到楊家門口將船泊在岸傍上
去敲開了門楊執中出來手裏捧着一個爐挐
一方帕子在那裏用力的擦見是鄒吉甫丟下
爐唱諾彼此見過節鄒吉甫把那些東西搬了
進來楊執中看見嚇了一跳道哎喲鄒老爹你
為甚麼帶這些酒肉來我從前破費你的還少
哩你怎的又這樣多情鄒吉甫道老先生你且
收了進去我今日雖是這些須村俗東西都不
是為你要在你這裏等兩位貴人你且把這鷄

和肉向你太太說整治好了我好同你說這兩个人楊執中把兩手袖著笑道鄒老爹却是告訴不得你我自從去年在縣裏出來家下一無所有常日只好喫一餐粥直到除夕那晚我這鎮上開小押的汪家店裏想着我這座心愛的爐出二十四兩銀子分明是算定我節下没有些米要來討這巧我說要我這个爐須是三百兩現銀子少一厘也成不的就是當在那裏過半年也要一百兩像你這幾兩銀子還不够

我燒爐買炭的錢哩那人將銀子拏了回去這一晚到底沒有柴米我和老妻兩个點了一枝蠟燭把這爐摩弄了一夜熬過了年因將爐取在手内指與鄒吉甫看道你看這上面包漿好顔色今日又恰好沒有早飯米所以方纔在此摩弄這爐消遣日子不想遇著你來這些酒和菜都有了只是不得有飯鄒吉甫道原來如此這便怎麼樣在腰間打開鈔袋一尋尋出二錢多銀子遞與楊執中道先生你且快叫人去買

幾升米來纔好坐了說話楊執中將這銀子與出老嫗拏个家伙到鎮上糴米不多時老嫗糴米回往厨下燒飯去了楊執中關了門來坐下問道你說是今日那兩个什麽貴人來鄒吉甫道老先生你爲鹽店裡的事累在縣裏卻是怎樣得出來的楊執中道正是我也不知那日縣父母忽然把我放了出來我在縣門口問說是个姓晉的具保狀保我出來我自已細想不曾認得這位姓晉的老爹你到的在那裡知道些

影子的鄒吉甫道那裏是甚麽姓晉的這人叫
做晉爵就是婁太師府裏三少老爺的管家少
老爺弟兄兩位因在我這裏聽見你老先生的
大名回家就將自己銀子兌出七百兩上了庫
叫家人晉爵具保狀這些事先生回家之後兩
位少老爺親自到府上訪了兩次先生難道不
知道麽楊執中恍然醒悟道是了是了這事被
我這个老嫗所誤我頭一次看打魚回來老嫗
向我說城裏有一个姓柳的我疑惑是前日那

今姓柳的原差就有些怕會他後一次又是晚上回家他説那姓柳的今日又來是我回他去了説著也就罷了如今想來柳者婁也我那里猜的到是婁府只疑惑是縣裏原差鄒吉甫道你老人家因打這年把官司常言道得好三年被毒蛇咬了如今夢見一條繩子也是害怕只是心中疑惑是差人這也罷了因前日十二我在婁府叩節兩位少老爺説到這話約我今日同到尊府我恐怕先生一時沒有備辦所以帶

這點東西來替你做個主人好麼楊執中道既是兩公錯愛我便該先到城裏去會他何以又勞他來鄒吉甫道既已說來不消先去候他來會便了坐了一會楊執中烹出茶來吃了聽得叩門聲鄒吉甫道是少老爺來了快去開門纔開了門只見一個稀醉的醉漢闖將進來進門就跌了一交扒起來摸一摸頭向內裏直跑楊執中定睛看時便是他第二個兒子楊老六在鎮上賭輸了又噇了幾杯燒酒噇的爛醉想著

來家問母親要錢再去賭一直往裏跑楊執中道畜生那裏去還不過來見了鄒老爹的禮那老六跌跌撞撞作了个揖就到厨下去了看見鍋裏煮的鷄和肉噴鼻香又悶着一鍋好飯房裏又放着一瓶酒不知是那里來的不由分說揭開鍋就要撈了喫他娘劈手把鍋蓋蓋了楊執中罵道你又不害饞勞病這是别人拏來的東西還要等著請客他那里肯依醉的東倒西歪只是搶了吃楊執中罵他他還睜著醉眼混

同嘴楊執中急了拏火叉提着一直打了出來鄒老爹且扯勸了一回說道酒菜是候婁府兩位少爺的那楊老六雖是蠢又是酒後但聽見婁府也就不敢胡鬧了他娘見他酒略醒些撕了一隻雞腿盛了一大碗飯泡上些湯瞞著老子遞與他吃吃罷扒上牀挺覺去了兩公子直至日暮方到蘧公孫也同了來鄒吉甫楊執中迎了出去兩公子同蘧公孫進來見是一間客座兩邊放着六張舊竹椅子中間一張書案壁

上懸的畫是楷書朱子治家格言兩邊一副箋紙的聯上寫着三間東倒西歪屋一个南腔北調人上面貼了一个報帖上寫捷報貴府老爺楊諱允欽選應天淮安府沭陽縣儒學正堂京報不曾看完楊執中上來行禮奉坐自已進去取盤子捧出茶來獻與各位茶罷彼此說了些聞聲相思的話三公子指著報帖問道這榮選是近來的信麽楊執中道是三年前小弟不曾被禍的時候有此事只爲當初無意中補得一

个廩鄉試過十六七次並不能掛名榜末垂老得這一个教官又要去遞手本行庭參自覺得腰胯硬了做不來這樣的事當初力辭了患病不去又要經地方官驗病出給費了許多周折那知辭官未久被了這一場橫禍受小人駔儈之欺那時懊惱不如竟到沭陽也免得與獄吏爲伍若非三先生四先生相賞於風塵之外以大力垂手相援則小弟這幾根老骨頭只好瘦死囹圄之中矣此恩此德何日得報三公子道

些須小事何必掛懷今聽先生辭官一節更足
仰品高德重四公子道朋友原有通財之義何
足掛齒小弟們還恨得知此事已遲未能早爲
先生洗脫心切不安楊執中聽了這番話更加
欽敬又和蘧公孫寒暄了幾句鄒吉甫道二位
少老爺和蘧少爺來路遠想是饑了楊執中道
腐飯已經停當請到後面坐當下請在一間草
屋內是楊執中脩葺的一个小小的書屋面着
一方小天井有几樹梅花這幾日天暖開了兩

三枝書房內滿壁詩畫中間一副箋紙聯上寫
道嗅窓前寒梅數點且任我俛仰以嬉攀月中
仙桂一枝久讓人婆娑而舞兩公子看了不勝
歎息此身飄飄如遊仙境楊執中捧出雞肉酒
飯當下喫了幾杯酒用過飯不喫了撤了過去
烹茗清談談到兩次相訪被聾老嫗誤傳的話
彼此大笑兩公子要邀楊執中到家盤桓幾日
楊執中說新年畧有俗務三四月後自當敬造
高齋爲平原十日之飲談到起更時候一庭月

色照滿書牕梅花一枝枝如畫在上面相似兩公子留連不忍相别楊執中道本該留三先生四先生草榻奈鄉下蝸居二位先生恐不甚便于是執手踏著月影把兩公子同遽公孫送到船上自同鄒吉甫回去了兩公子同遽公孫纔到家看門的稟道魯大老爺有要緊事請遽少爺回去來過三次人了遽公孫慌回去見了魯夫人夫人告訴說編修公因女壻不肯做舉業心裏着氣商量要娶一个如君早養出一个兒

子來教他讀書接進士的書香夫人說年紀大了勸他不必他就着了重氣昨晚跌了一交半身麻木口眼有些歪斜小姐在傍淚眼汪汪只是歎氣公孫也無奈何忙走到書房去問候陳和甫正在那里切脉切了脉陳和甫道老先生這脉息右寸畧見弦滑肺爲氣之主滑乃痰之徵總是老先生身在江湖心懸魏闕故爾憂愁抑鬱現出此症治法當先以順氣祛痰爲主晚生每見近日醫家嫌半夏燥一遇痰症就改用

貝母不知用貝母療濕痰反爲不美老先生此症當用四君子加入二陳飯前温服只消兩三劑使其腎氣常和虛火不致妄動這病就退了于是寫立藥方一連喫了四五劑口不歪了只是舌根還有些强陳和甫又看過了脈改用一个丸劑的方子加入几味祛風的藥漸漸見效蘧公孫一連陪伴了十多日並不得閒那日值編修公午睡偷空走到婁府進了書房門聽見楊執中在內咭咭而談知道是他已來了進去

作揖同坐下楊執中接著說道我方纔說的二位先生這樣禮賢好士如小弟何足道我有个朋友在蕭山縣山裏住這人眞有經天緯地之才空古絶今之學眞乃處則不失爲眞儒出則可以爲王佐三先生四先生如何不要結識他兩公子驚問那里有這樣一位高人楊執中疊着指頭說出這个人來只因這一番有分教相府延賓又聚几多英傑名邦勝會能消無限壯心不知楊執中說出甚麽人來且聽下回分解

嫻于吟咏之才女古有之精于舉業之才女古未之有也夫以一女子而精于舉業則此女子之俗可知蓋作者欲極力以寫編修之俗都不肯用一正筆處處用反筆側筆以形擊之寫小姐之俗者乃所以寫編修之俗也書中言舉業者多矣如匡超人馬純上之操選事衛體善隋岑菴之正文風以及高翰林之講元魁秘訣人人自以為握靈蛇之珠也而不知舉業真當行只有一魯小姐陸子靜

門人云英雄之俊偉不鍾于男子而鍾于婦人作者之喻意其深遠也哉

楊執中是一个活獃子今欲寫其獃狀獃聲使俗筆爲之將從何處寫起看此文只用摩弄香爐一段叙說誤認娃柳的一段闖進醉漢一段便活現出一个老阿獃的聲音笑貌此所謂頰上三毫非絕世文心未易辦此

忽然外面敲門必以爲兩公子至矣却是闖進一个稀醉的醉漢能令閱者目光一閃眞

出諸意外極平實的文字偏有極奇突的峯
巒于此知文章出落處最爲吃緊萬不可信
筆拖去也
老阿獃纔進相府便薦出一位高人閱者此
時已深知老阿獃之爲人料想老阿獃所薦
之人平常可知然而不知其可笑又加此老
一等譬如吳道子畫鬼畫牛頭已極牛頭之
醜惡矣及畫馬面又有馬面之醜惡吾不知
作者之胷中能容得多少怪物耶

儒林外史第十三回

名士大宴鶯脰湖　俠士虛設人頭會

話說楊執中向兩公子說三先生四先生如此好士似小弟的車載斗量何足為重我有一個朋友姓權名勿用字潛齋是蕭山縣人住在山裏此又苦招致而來與二位先生一談纔見出他管樂的經綸程朱的學問此乃是當時第一等人三公子大驚道既有這等高賢我們為何不去拜訪四公子道何不約定楊先生明日就

買舟同去說著只見看門人拏著紅帖飛跑進來說道新任街道廳魏老爺上門請二位老爺的安在京帶有大老爺的家書說要見二位老爺有話面稟兩公子向蘧公孫道賢姪陪楊先生坐著我們去會一會就來便進去換了衣服走出廳上那街道廳冠帶著進來行過了禮分賓主坐下兩公子問道老父臺幾時出京榮任還不曾奉賀倒勞先施魏廳官道不敢晚生是前月初三日在京領憑當面叩見大老爺帶有

府報在此敬來請三老爺四老爺台安便將家書雙手呈送過來三公子接過來折開看了將書遞與四公子向聽官道原來是爲丈量的事老父臺初到任就要辦這丈量公事麼聽官道正是晚生今早接到上憲諭票催促星宿丈量晚生所以今日先來面稟二位老爺求將先太保大人墓道地基開示明白晚生不日到那里叩過了頭便要傳齊地保細細查看恐有無知小民在左近樵采作踐晚生還要出示曉諭四

公子道父臺就去的麼廳官道晚生便在三四日內稟明上憲各處丈量三公子道既如此明日屈老父臺舍下一飯丈量到荒山時弟輩自然到山中奉陪說著換過三徧茶那廳官打了躬又打躬作別去了兩公子送了回來脫去衣服到書房裏躊躇道偏有這許多不巧的事我們正要去訪權先生卻遇著這廳官來講丈量明日要待他一飯丈量到先太保墓道愚弟兄卻要自走一遭須有幾時就閣不得到蕭山去

爲之奈何楊執中道二位先生可謂求賢若渴了若是急于要會權先生或者也不必定須親往二位先生竟寫一書小弟也附一札差一位盛使到山中面致潛齋邀他來府一晤他自當忻然命駕四公子道惟恐權先生見怪弟等傲慢楊執中道若不如此府上公事是有的過了此一事又有事來何日纔得分身豈不常懸此一段想思終不能遂其願蘧公孫道也罷表叔要會權先生待閒之日都未可必如今寫書差

的當人去况又有楊先生的手書那權先生也未必見外當下商議定了備幾色禮物差家人晉爵的兒子宦成收拾行李帶了書札禮物徃蕭山這宦成奉着主命上了杭州的船船家見他行李齊整人物雅致請在中艙裏坐中艙先有兩個戴方巾的坐著他拱一拱手同著坐下當晚喫了飯各舖行李睡下次日行船無事彼此閒談宦成聽見那兩個戴方巾的說的都是些蕭山縣的話下路船上不論甚麼人彼此都

稱爲客人因開口問道客人貴處是蕭山那一個鬍子客人道是蕭山宦成道蕭山有位權老爺客人可認得那一個少年客人道我那裏不聽見有個甚麽權老爺宦成道聽見說號叫做潛齋的那少年道那個甚麽潛齋我們學裏不見這個人那鬍子道是他麽可笑的緊向那少年道你不知道他的故事我說與你聽他在山裏住祖代都是務農的人到他父親手裏掙起幾個錢來把他送在村學裏讀書讀到十七八

歲那鄉裏先生沒良心就作成他出來應考落後他父親死了他是個不中用的貨又不會種田又不會作生意坐喫山崩把些田地都弄的精光足足考了三十多年一回縣考的覆試也不會取他從來肚裏也莫有通過借在個土地廟裏訓了幾個蒙童每年應考混着過也罷了不想他又倒運那年遇着湖州新市鎮上鹽店裏一個夥計姓楊的楊老頭子來討賬住在廟裏獃頭獃腦口裏說甚麼天文地理經綸匡濟

的混話他聽見就像神附着的發了瘋從此不應考了要做個高人自從高人一做這幾個學生也不來了在家窮的要不的只在村坊上騙人過日子口裏動不動說我和你至交相愛分甚麽彼此你的就是我的我的就是你的這幾句話便是他的歌訣那少年的道只管騙人那有這許多人騙那鬍子道他那一件不是騙來的同在鄉里之間我也不便細說因向宦成道你這位客人郤問這個人怎的宦成道不怎的

我問一聲兒口裏答應心裏自忖說我家二位老爺也可笑多少大官大府來拜往還怕不夠相與沒來由老遠的路來尋這樣混賬人家去做甚麼正思忖著只見對面來了一隻船船上坐著兩個姑娘好像魯老爺家采蘋姊妹兩個嚇了一跳連忙伸出頭來看原來不相干那兩人也就不同他談了不多幾日換船來到蕭山招尋了半日招到一個山凹裏幾間壞草屋門上貼著白敲門進去權勿用穿著一身白頭上

戴着高白夏布孝帽問了來意留宦成在後面一間屋裏開個稻草鋪晚間拏些牛肉白酒與他喫了次早寫了一封回書向宦成道多謝你家老爺厚愛但我熱孝在身不便出門你回去多多拜上你家二位老爺和你老爺厚禮權且收下再過二十多天我家老太太百日滿過我定到老爺們府上來會管家實是多慢了你這兩分銀子權且為酒資將一個小紙包遞與宦成宦成接了道多謝權老爺到那日權老爺是

必到府裏來免得小的主人盼望權勿用道這個自然送了宦成出門宦成依舊搭船帶了書子回湖州回覆兩公子兩公子不勝悵悵因把書房後一個大軒廠不過的亭子上換了一匾匾上寫作潛亭以示等權潛齋來住的意思就把楊執中留在亭後一間房裏住楊執中老年痰火疾夜裏要人作伴把第二個蠢兒子老六叫了來同住每晚一醉是不消說將及一月楊執中又寫了一個字去催權勿用權勿用見了

這字收拾搭船來湖州在城外上了岸衣服也不換一件在手掮著個被套右手把個大布袖子晃蕩晃蕩在街上腳高步低的撞撞過了城門外的吊橋那路上却擠他也不知道出城該走左首進城該走右手方不得路他一味橫著膀子亂搖恰好有個鄉里人在城裏賣完了柴出來肩頭上橫掮著一根尖遍担對面一頭撞將去將他的個高孝帽子橫挑在匾担尖上鄉里人低著頭走也不知道掮着去了他喫了一

驚摸摸頭上不見了孝帽子望見在那人匾担上他就把手亂招口裏喊道那是我的帽子鄉里人走的快又聽不見他本來不會走城裏的路這時著了急七首八脚的亂跑眼睛又不看著前面跑了一箭多路一頭撞到一頂轎子上把那轎子裏的官幾乎撞了跌下來那官大怒問是甚麼人叫前面兩個夜役一條鏈子鎖起來他又不服氣向著官指手畫脚的亂吵那官落下轎子要將他審問夜役喝著叫他跪他睜

看眼不肯跪這時街上圍了六七十人齊鋪鋪的看內中走出一個人來頭戴一頂武士巾身穿一件青綢箭衣幾根黃鬍子兩隻大眼睛走近前向那官說道老爺且請息怒這個人是婁府請來的上客雖然衝撞了老爺若是處了他恐婁府知道不好看相那官便是街道廳老魏聽見這話將就蓋個喧擡起轎子去了權勿用看那人時便是他舊相識俠客張鐵臂張鐵臂讓他到一個茶室裏坐下叫他喘息定了喫過

茶向他說道我前日到你家作弔你家人說道已是婁府中請了去了今日爲甚麽獨自一個在城門口閒撞權勿用道婁公子請我久了我却是今日纔要到他家去不想撞着這官鬧了一場虧你解了這結我今便同你一齊到婁府去當下兩人一同來到婁府門上看門的看見他穿着一身的白頭上又不戴帽子後面領著一個婎趄趄的人口口聲聲要會三老爺四老爺門上人問他姓名他死不肯說只說你家老

命已知道久了看門的不肯傳他就在門上大嚷大叫鬧了一會說你把楊執中老爹請出來罷看門的沒奈何請出楊執中來楊執中看見他這模樣嚇了一跳愁着眉道你怎的連帽子都弄不見了叫他權了坐在大門板櫈上慌忙走進去取出一頂舊方巾來與他戴了便問此位壯士是誰權勿用道他便是我時常和你說的有名的張鉄臂楊執中道久仰久仰三個人一路進來就告訴方纔城門口這一番相鬧的

話楊執中搖手道少停見了公子這話不必提起了這日兩公子都不在家兩人跟着楊執中竟到書房裏洗臉喫飯自有家人管待晚間兩公子赴宴回家來書房相會彼此恨相見之晚指着潛亭與他看了道出欽慕之意又見他帶了一個俠客來更覺舉動不同于衆又重新擺出酒來權勿用首席楊執中張鐵臂對席兩公子主位席間問起這號鐵臂的緣故張鐵臂道晚生小時有幾斤力氣那些朋友們和我賭賽

叫我雖在街心裏把膀子伸着等那車來有心不起來讓他那牛車走行了來的力猛足有四五千斤車轂恰好打從膀子上過壓着膀子了那時曉生把膀子一挣吉丁的一聲那車就過去了幾十步遠看看膀子上白迹也沒有一個所以衆人就加了我道一個綽號三公子鼓掌道聽了這快事足可消酒一斗各位都斟上大杯來權勿用辭說居喪不飲酒楊執中道古人云老不拘禮病不拘禮我方纔看見肴饌也還

用些或者酒量飲兩杯不致沈醉也還不妨權勿用道先生你這話又欠考核了古人所謂五葷者葱韭蒝荽之類怎麽不戒酒是斷不可飲的四公子道這自然不敢相強忙叫取茶來斟上張鐵臂道晚生的武藝儘多馬上十八馬下十八鞭鐧鍋錘刀鎗劍戟都還畧有些講究只是一生性氣不好慣會路見不平拔刀相助最喜打天下有本事的好漢銀錢到手又最喜幫助窮人所以落得四海無家而今流落在貴地

四公子道只纔是英雄本色權勿用道張兄方纔所說武藝他舞劍的身段尤其可觀諸先生何不當面請教兩公子大喜即刻叫人家裏取出一柄松文古劍來遞與鐵臂鐵臂燈下拔開光芒閃爍即便脫了上蓋的箭衣束一束腰手持寶劍走出天井衆客都一擁出來兩公子叫且住快吩咐點起燭來一聲說罷十幾個管家小厮每人手裏執著一個燭奴明晃晃點著蠟燭擺列天井兩邊張鐵臂一上一下一左一右

舞出許多身分來舞到那酣暢的時候只見令森森一片寒光如萬道銀蛇亂掣並不見個人在那裏但覺陰風襲人令看者毛髮皆豎權勿用又在几上取了一個銅盤叫管家滿貯了水用手蘸著洒一點也不得入須臾大叫一聲寒光陡散還是一柄劍執在手裏看鐵臂時面上不紅心頭不跳衆人稱贊一番直飲到四更方散都留在書房裏歇自此權勿用張鐵臂都是相府的上客一日三公子來向諸位道不日要

設一個大會徧請賓客遊鶯脰湖此時天氣漸
暖權勿用身上那一件大粗白布衣服太厚穿
著熱了思量當几錢銀子去買些藍布縫一件
單直裰好穿了做遊鶯脰湖的上客自心裏算
計已定瞞著公子託張鐵臂去當了五百文錢
來放在牀上枕頭邊日間在潛亭上眺望晚裏
歸房宿歇摸一摸牀頭間五百文一個也不見
了思量房裏沒有別人只是楊執中的蠢兒子
在那裏混因一直尋到大門門房裏見他正坐

在那裏說㱁話便叫道老六和你說話老六已是噇得爛醉了問道老叔叫我做甚麼權勿用道我枕頭邊的五百錢你可曾看見老六道看見的權勿用道那里去了老六道是下午時候我拏出去賭錢輸了還剩有十來个在鈔袋裏留着少刻買燒酒喫權勿用道老六這也奇了我的錢你怎麼拏去賭輸了老六道老叔你我原是一個人你的就是我的我的就是你的分甚麼彼此說罷把頭一掉就幾步跨出去了把

何權勿用氣的眼睁睁敢怒而不敢言真是說不出來的苦自此權勿用與楊執中彼此不合權勿用說楊執中是個獃子楊執中說權勿用是個瘋子三公子見他沒有衣服却又取出一件淺藍紬直裰送他兩公子請徧了各位賓客叫下兩隻大船廚役備辦酒席和司茶酒的人另在一個船上一班唱清曲打粗細十番的又在一船此時正值四月中旬天氣清和各人都換了單夾衣服手持紈扇這一次雖算不得大

會却也聚了許多人在會的是婁玉亭三公子婁瑟亭四公子蘧公孫駪夫牛高士布衣楊司訓執中權高士潛齋張俠客鐵臂陳山人和甫魯編修請了不曾到席間八位名士帶挈楊執中的蠢兒子楊老六也在船上共合九人之數當下牛布衣吟詩張鐵臂擊劍陳和甫打鬨說笑伴著兩公子的雍容爾雅蘧公孫的俊俏風流楊執中古貌古心權勿用怪模怪樣真乃一時勝會兩邊船窗四啓小船上奏著細樂慢慢

遊到鶯脰湖酒席齊備十幾個濶衣高帽的管家在船頭上更番斟酒上菜那食品之精潔茶酒之清香不消細說飲到月上時分兩隻船上點起五六十盞羊角燈映著月色湖光照耀如同白日一派樂聲大作在空濶處更覺得響亮聲聞十餘里兩邊岸上的人望若神仙誰人不羨遊了一整夜次早回來蘧公孫去見魯編修編修公道令表叔在家只該閉戶做些舉業以繼家聲怎麼只管結交這樣一班人如此招搖

豪橫恐怕亦非所宜次日蘧公孫向兩表叔畧
述一二三公子大笑道我亦不解你令外舅就
俗到這個地位不曾說完門上人進來稟說魯
大老爺開坊陞了侍讀朝命已下京報適纔到
了老爺們須要去道喜蘧公孫聽了這話慌忙
先去道喜到了晚間公孫打發家人飛跑來說
不好了魯大老爺接著朝命正在合家歡喜打
點擺酒慶賀不想痰病大發登時中了臟已不
醒人事了快請二位老爺過去兩公子聽了轎

也等不得忙走去看到了魯宅進門聽得一片哭聲知是已不在了衆親戚已到商量在本族親房立了一個兒子過來然後大斂治喪蘧公孫哀毀骨立極盡半子之誼又忙了幾日婁通政有家信到兩公子同在內書房商議寫信到京此乃二十四五月色未上兩公子秉了一枝燭對坐商議到了二更半後忽聽房上瓦一片聲的響一個人從屋簷上掉下來滿身血污手裏提了一個革囊兩公子燭下一看便是張鐵

臂兩公子大驚道張兄你怎麼半夜裏走進我的內室是何緣故這革囊裏是甚麼物件張鐵臂道二位老爺請坐容我細稟我生平一個恩人一個仇人這仇人已銜恨十年無從下手今日得便已被我取了他首級在此這革囊裏面是血淋淋的一顆人頭但我那恩人已在這十里之外須五百兩銀子去報了他的大恩自今以後我的心事已了便可以捨身爲知己者用了我想可以措辦此事只有二位老爺外此那

能有此等胸襟所以冒昧黑夜來求如不蒙相
救卽從此遠遁不能再相見矣遂提了革囊要
走兩公子此時已嚇得心膽皆碎忙攔住道張
兄且休慌五百金小事何足介意但此物作何
處置張鐵臂笑道這有何難我畧施劍術卽滅
其跡但倉卒不能施行候將五百金付去之後
我不過兩個時辰卽便回來取出囊中之物加
上我的藥末頃刻化爲水毛髮不存矣二位老
爺可備了筵席廣招賓客看我施爲此事兩公

子聽罷大是駭然弟兄忙到內裏取出五百兩銀子付與張鐵臂鐵臂將革囊放在階下銀子拴束在身叫一聲多謝騰身而起上了房簷行步如飛只聽得一片瓦響無影無蹤去了當夜萬籟俱寂月色初上照着階下革囊裏血淋淋的人頭只因這一番有分教豪華公子閉門休問世情名士文人改行訪求舉業不知這人頭畢竟如何且聽下回分解

婁氏兄弟以朋友爲性命迎之致敬以有禮

豈非翩翩濁世之賢公子哉然輕信而濫交亞不夷考其人平生之賢否猝爾聞名遂訂交此葉公之好龍而不知其皆鮫鯉也楊司訓之來也自權其勢之孤故援引權齋以助之乃其甫來不越數日而國五百青蚨頓相牴牾此鬼之所以為鬼也